ピンク・ダンデライオン

Pink Dandelion

クエーカー入門

中野泰治——>訳

primer

新教出版社

The Quakers : A Very Short Introduction
By Pink Dandelion

Translated by Yasuharu Nakano
All photos are cited from Courtesy of the Library of Congress
Published by Shinkyo Shuppansha, Tokyo
2018

ウェンディーとフローレンスに捧ぐ

目次

日本の皆様へ

『クエーカー入門』を手にしていただき、うれしく思います。

なぜクエーカーなのか？　クエーカーとは一体どういう人たちなのか？　「クエーカー」という言葉を聞いたことがある人なら、風変わりで熱狂的な信仰を思い浮かべるかもしれませんし、厳格なピューリタン信仰だとか、徹底した平和主義だとかを思い浮かべるかもしれません。残念ながら、そうしたステレオタイプ的な見方はどれも正しくありません。

クエーカーは17世紀のイングランドで、神の御声を直接聞くことができると信じ、神の御言《みことば》としての聖書の言葉は単なる外的なものにすぎないと考えて避けた急進的な神秘主義者のグループとして始まりました。彼らは、いかなる人間的な権威や組織を認めるのも拒み、奇跡的な体験をしたり、神との親密さを表すために様々なしるしを行ったりしました。彼らは、キリスト教は教理よりも体験に根ざしたものであると信じ、真の霊性は内的なもので、沈黙と静寂こそが神に対する礼拝の最も正しいあり方であると信じていました。

しかしながら、そうした最初期の信仰を経てクエーカーはいくつかの教えを整備し、広く社会に受け入れられることになりました（つまり、「日常生活」のなかで神秘的体験に与ることになりました）。彼らは依然として、神との直接的なつながりが大切であると信じていましたが、その他の礼拝形式について間違いだと言うことはなくなりました。今日のクエーカーは自らのことをたくさんある教会のうちのひとつであると考え、最初期のように唯一の正しい道と思うことなく、神の礼拝のひとつのあり方を示しているにすぎないと考えています。クエーカーのなかには、ある種の紛争解決には軍事的行動も致し方ないと考える者もいますし、実際、従軍している者もいます。世界のクエーカーの多くが、広く社会に受け入れられ、また信仰の手助けとなると感じたものを採用することで、完全な沈黙の礼拝ではなく、沈黙と説教と音楽が組み合わさった礼拝を行っています。要するに、クエーカー信仰は教理に基づくものというよりも、教えを体験し、それに生きることに基づく信仰なのです。その教えとは、平等の証しであったり、誠実であること、簡素であること、平和的であること、そして何よりも愛に満ちたものであることです。自分たち以外の不信仰者を非難した「真の教会」としての初期のクエーカー信仰とは異なり、現在のクエーカーは、世界に関心を向け、誰しもに何かしらの至らないところがあるなかでお互いが助け合うこと、回心者を出すことよりも、この世界をよりよきものにしようと努力することが大切であると考えています。

　クエーカー信仰は、アメリカの宣教活動によって１８８５年に日本に到来しました。そして、クエーカーの集会は、１８８６年に東京で始まり、１８８７年には同じく東京の三田《みた》に普連土《ふれんど》学園が創設されました。一番多いときは、３５０名ほどの会員がいましたが、現在は１００名近くまで減少しています。１９４０年代、多くのクエーカーの集会は日本基督教団の一部に統合されましたが、戦後は独立し、沈黙の礼拝を行う集会として再出発しました。日本のクエーカーは、いわゆる「リベラル」の伝統に属しています。つまり、日本のクエーカーは信仰形態に関しては非常に寛容で（色々な立場を認め）、霊的な旅路は続いていくもの、終わりのないものと考える立場です。信仰とは、神からの応答に関するもの、神の最終的な御言に関するものだとは考えていません。それは絶え間ない探究なのです。それはまた、内的な神の経験によって力づけられて、キリスト教的生活を生き生きと生きることであり、この世界のなかで、たとえば、幼稚園やデイケアセンターや老人ホームを営むことで、この世でよきことをなそうとすることです。そして、それは平和と正義に満ちた生活に関するものなのです。

このように、クエーカーはキリスト教界のなかでもユニークかつ興味深く、注目に値する存在です。変だとか、なじみがないと思われるかもしれませんが、ステレオタイプ的な見方を捨て去り、理解しようとしてみてください。本書が、この特異であり、また重要でもあるグループを理解する手助けになることを願っています。

ベン・ピンク・ダンデライオン

日本の皆様へ

第1章　クエーカーとは？

よく言われることですが、クエーカー（「フレンド」、「フレンズ」、「友会徒」とも呼ばれます）はその会員数以上に社会に大きな影響を与えてきました。その階層や高い学歴のゆえに、彼らが大西洋の両岸における市民社会の形成に重要な役割を果たしてきたことは確かです。反戦運動や平和活動のみならず、霊的平等という彼らの信念から生まれた社会に対する証し、たとえば、エリザベス・フライの監獄改善運動や奴隷制度への反対などは、おそらくクエーカーに関して一番よく知られている事柄でしょう。また、彼らの礼拝形式のひとつに沈黙の礼拝があることや、聖職制度を擁していないことを知っている人もいるかもしれません。しかしやはり、クエーカーが最も存在感を放つのは彼らの社会的な証しです。さらにクエーカーは共和制期のイギリスで急進的な信仰運動として始まり、それ以来、次々と新しい神学的な考えや新しい社会環境に適応してきたことを鑑みるに、神学的観点や社会学的観点から見ても興味深い存在です。本書では、クエーカー運動とその歴史について概観し（第1章、第2章）、クエーカー内部の異なる伝統に属する人たちがどのように礼拝を守っているかを分かりやすく描き出し（第3章）、彼らが何を信じているのかについて探求します（第4章、第5章）。そして、他の宗派や他の信仰に対するクエーカーの態度について見ていき（第6章）、最後にクエーカー信仰の未来について考えたいと思います（第7章）。

クエーカーは、共和制期の１６５２年にイングランド北東部においてひとつの信仰運動として始まりましたが、実際には、後ほど見るように、すでにその数年前から初期クエーカーの信仰の核となるいくつかの体験が生まれていました。宣教活動、そして、新大陸への移住などによって、現在のところクエーカーの会員数は（２００８年の時点で）約34万人となっています。セクト的なプロテスタント信仰とも言うべき分裂を経て、現在のところ主として三つの伝統が存在しています。ひとつ目の伝統は福音派（もちろん、福音派のクエーカーといっても様々な系統があります）、二つ目は保守派、そして、三つ目が自由主義クエーカーです。このように三つの伝統に分かれていますが、世界のどのクエーカーも共通して持っている以下のような四つの神学的な特徴があります。

（1）神との直接的な内面での出会いと啓示が信仰の中心であること。そして、そうした体験が得られるような礼拝形式となっていること。なお、「クエーカー（Quaker）」という名称は、もともと礼拝の間に震える（quake）ことからつけられたあだ名です。

（2）共同体全体に対する神からの直接的な導き（corporate direct guidance）という考えに基づいて、教会の業務を多数決ではなく、一致に至るまで祈りによって決定すること。

（3）すべての人が霊的に平等であり、「万人祭司」の考えを保持していること。
（4）すべての人が神の御前に祭司であるという考えに少なからず基づいて、戦争を支持せず、平和を好み、平和主義の立場を取っており、また、様々な社会的な証しとして活動を献身的に行っていること。

この章では、クエーカー運動の基礎となっている考えを概観し、運動にとって重要な要素である証しについて、また、彼らの運動がどのようにして世に知られるようになったかについて説明し、それぞれの伝統を簡単に見ていきたいと思います。

1・1 始まり

ジョージ・フォックス（George Fox, 1624-91）は、一般的にクエーカー運動の創始者として知られていますが、実際には、ジェームズ・ネイラー（James Nayler/Naylor, 1616-60）、マーガレット・フェル（Margaret Fell, 1614-1702）、エドワード・バロー（Edward Burrough, 1634-63）、フランシス・ハウギル（Francis Howgill, 1618-69）、リチャード・ハーバーソン（Richard Hubberthorne, 1628-62）、リチャード・ファンワース（Richard Farnsworth, 1630?-66）、ウィリアム・デューズベリー（William Dewsbury, 1621-88）といった多数の有能な説教者が支援者として存在していました。彼らは皆、もともとイングランド北部で活動していた人々です。フォックス自身は、ランカシャー州のフェニー・ドレートンで生まれ育ちました。彼は長じて、宗教的な模索の日々を過ごしていましたが、１６４３年、19歳のときに家を出て、ロンドンにいるバプテスト信徒の叔父のところへ行ったり、軍隊を訪ねたりして数年を過ごしました。ちょうどこの時代は内戦（ピューリタン革命）のときで、非常に急進的な宗教思想が議会軍のなかで広まっていたからです。

フォックスは、宣教者となるにはオックスフォードやケンブリッジで教育を受けることが必要との国教会の見解は間違っているとすでに気づいていましたが、同時にまた、国教会から分離した急進的な説教者たちにも宗教的な満足を見出すことはできませんでした。こうした彼の状態は、彼の『日記（*Journal*）』にある１６４７年の次の文章に表れていますが、そこにはまた、絶望のなかで彼に到来した変容体験が見て取れます。

ジョージ・フォックス（1624-91年）の木版画

> オックスフォードやケンブリッジで教育を受けるだけではキリストの宣教者となるには不十分であるとの主からの啓示を受けていたので、私は聖職者たちをあまり高く評価することはせず、

国教会から離れて説教している人々を捜し求めた。……（しかしながら）私はすべての聖職者を否定していたので、これらの非国教徒の説教者からも離れ、また最も経験豊富と言われる説教者からも離れた。というのは、私の心の状態に訴えかけるようなものを彼らの間には何も見出せなかったからである。そうして、聖職者や説教者に対するすべての希望が消え去って、いや人間に対する希望すら消え去ったので、私の外的な助けとなるものは何もなくなってしまい、どうすればよいのか分からなくなってしまった。そのときである。ああそのとき、私には声が聞こえた。「汝の心の状態に語りかける方がおられる。すなわち、キリスト・イエスである」。その声を聞いたとき、私の心は喜びに舞い上がった。（Nickalls, 1952, p. 11. 強調筆者）

言い換えれば、希望を失いどこへ行けばよいのか分からなくなったまさにそのときに、神からの直接的な働きかけがあり、キリストが彼に語りかけたというのです。そして、彼は次のように言葉を続けています。

そのとき、主なる神がこの世において私の状況に語りかけるものが何もないことを示されたので、私は主なる神にすべての栄光を帰した。というのは、すべての人間は罪に閉じ込められており、私がそうであったように人間は不信仰に陥っているのであって、イエス・

キリストこそが優れた方であり、彼が人々を照らし、恵みを与え、信仰と力を与えることが示されたからである。このように神が働かれるとき、一体誰がその働きを隠すことができようか。このことを、私は身をもって体験したのである。（Nickalls, 1952, p. 11）

この文章の重要な点は、周囲にいた人々から簡単な答えさえも引き出せなかったのは偶然ではないということをフォックスが理解していたことです。フォックスによれば、知恵と導きは、神からのものであり、そのように考えない人々は「不信仰に陥っている」、つまり、思い違いをしているというのです。フォックスは、このことを彼自身の「実体験から（experimentally）」、つまり、経験を通して知りました。

こうした体験は、クエーカー信仰の基盤であり、現在でもそうです。次の章で、体験をめぐる解釈が時を経て、また、それぞれの伝統のなかでどのように変化していったのかについて見ていきますが、神との直接的な出会いという考えと体験は、現代のすべてのクエーカー信仰の中心的部分であり続けています。

さらに言えば、フォックスにとって啓示の重要性は、教会の教えや聖書の権威を補足するようなものではなく、まさにそれらに取って代わるものでした。「どうすればそれが神からのものと知ることができるのか」という問いは、すべての宗教的なグループにとって重要な問題でしたが、フォックスにとって、その答えは神からの直接的な啓示でした。そして、重要なこととして、この啓示はすべての人に開かれたものであるとも主張しました。つまり、フォックス自身が特別な霊的な権威を持っているというのではなく、彼はすべての人に開かれた権威のあり方を見つけ出したのです。

フォックスは、彼に開かれた啓示はいつも後になって聖書の言葉と一致することが確認されたと語りましたが、聖書は啓示よりも二義的なものであると主張しました。彼にとって聖書は、生きた神の御言、つまり、キリストの内的経験について叙述したものにすぎないからです。初期クエーカーは、外的な事柄（outward forms）よりも、彼らの心に刻まれた神との新しい契約（new covenant）の経験について主張するために、エレミヤ書31章31―34節の言葉を用いました。

見よ、わたしがイスラエルの家、ユダの家と新しい契約を結ぶ日が来る、と主は言われる。この契約は、かつてわたしが彼らの先祖の手を取ってエジプトの地から導き出したときに結んだものではない。わたしが彼らの主人であったにもかかわらず、彼らはこの契約を破った、と主は言われる。しかし、来るべき日に、わたしがイスラエルの家と結ぶ契約はこれである、と主は言われる。すなわち、わたしの律法を彼らの胸の中に授け、彼らの心にそれを記す。わたしは彼らの神となり、彼らはわたしの民となる。そのとき、人々は隣人どうし、兄弟どうし、「主を知れ」と言って教えることはない。彼らはすべて、小さい者も大きい者もわたしを知るからである、と主は言われる。わたしは彼らの悪を赦し、再び彼

らの罪に心を留めることはない。（新共同訳、エレ31章31―34節）

このように、クエーカーの霊性では内的な働きの正しさが強調され、そしてまた、外的な事柄における背教的な性質（信仰からの堕落）が強調されます。先に見たようなすべての人に開かれた変容体験は、その意味で、聖職者や説教さえ不要にするものでした。というのは、神御自身が内的に、そして直接的に教えられるからです。

変容体験から1年後の1648年、フォックスは第二の体験をしました。その体験では、フォックスは堕落以前のアダムの状態にまで上げられたように感じ、また、すぐにアダムよりも上の状態、つまり、堕落することのない状態に至ったように感じました。

今や私は、燃える剣を通って霊において神の楽園に入っていった。すべてのものが新しく、すべての被造物は以前とは違った香りがしていた。それは言葉で表現できないような香りであった。私は、キリスト・イエスによって神の似姿に新しく造り替えられたので、純粋さ、無垢さ、正しさ以外の何も知ることがなかった。その結果、私は、アダムが堕落する以前の状態にまで上げられた。……しかしすぐに、霊においてさらなる状態、つまり、無垢なるアダムの状態よりも確かな状態に上げられ、決して堕落することのないキリスト・イエスの状態に入った。（Nickalls, 1952, p. 27）

「燃える剣」という表現は、創世記3章の言葉であり、そこには、アダムとイブが罰せられた後、エデンの園の入り口に剣の炎が置かれたと述べられていますが、ここでフォックスが主張していることは、(そうした燃える剣の奥で体験される)神やキリストとの霊的な親密さ(spiritual intimacy)であり、人はその親密さにおいて罪や誘惑に抗する能力が備えられるということです。これは、いわゆる「完全(perfection)」の教理です。[1] こうした霊的な親密さやその親密さがもたらす変容体験によってクエーカーには、古い自分自身とは異なる、そしてまた、その他の人々とは異なる霊的な段階にいるという感覚が与えられたのです。それゆえ、彼らは自分たちのことを「聖徒(saints)」や「真理の友(the Friends of the Truth)」と呼び、背教的な「この世(world)」とは別のところに存在していると感じていました。初期のクエーカーのパンフレットのなかには、以前の自分の生に属するのは名前の上だけであり、今や彼らは他の聖徒や神によってのみ真に知られる存在であると主張しているものもあります。

クエーカーの変容体験、つまり、後に「確信(convincement)」と呼ばれるようになるこの体験は、多くのクエーカーにとって、六つの段階からなるものでした。

(1) 魂を突き破る神の御力。
(2) これまでの生活がいかに罪あるものであったか、また(神にとって)いかに満足のいかないものであったかを認識すること。

（3）悔い改め、新しい生を受け入れる機会。
（4）再生体験。
（5）同様の体験をもった人々とともに集いたいとの願望。
（6）再生体験を経ていない人々への宣教活動。

初期クエーカーはまた、この啓示による変容体験は（正統派が主張するように、もはや終わったものではなく）継続的なものであると主張していました。[2] フォックスと同様の完全の教えを主張していたクエーカーがどれほどいたかははっきりとは分かりませんが、1650年代には、それがすでに承認された教義だったことは確かです。

1647―48年の体験の後、フォックスはイングランド中部で活動していましたが、1650年代の多くは牢獄で過ごしました。クエーカーが投獄されることは、運動が始まって最初の30年間、よくあることでした。[3] 牢獄から出た後、フォックスは北部へと向かい、すでにフォックスの考えを一部聞き知っていたシーカー（Seekers）と呼ばれるグループのところへ向かいました。シーカーとは、国教会から離れて、形式的な儀礼をすべて取り除いて礼拝を行っていた人々のことです。彼らのなかには宣教を行う者もいましたが、宣教者が口を開くまで、沈黙の内に礼拝を守っていました。ヨークシャーとウェストモーランドにはシーカーの有力なグループが存在しており、初期クエーカーの指導者の多くはこうしたグループの出身者でした。たとえば、エドワード・バローは、もともとはウェストモーランドのシーカーで、後にクエーカーとなった人物ですが、彼は1656年の小冊子（トラクト）で、シーカーに関してただ「待つだけ」では十分ではないと批判しました。どういうことかと言えば、こうしたトラクトからは、シーカー運動には御国の到来に向けて次に何をすればよいのかというビジョンや手立てがことによると欠けていたのが読み取れるというのです。シーカー運動に参加していた人々にとって、そうしたビジョンや手立てといったものを提供してくれるように思われたのが、ジョージ・フォックスだったのです。

1652年の5月にヨークシャーからウェストモーランドに出かけたフォックスは、「主から促されたよう」に感じ、ランカシャーのクリゼロー近くにあるペンドルヒルという丘に登りました。その頂上に立ったときに、そして、その帰り道でも、彼は「白い衣装を着た多くの人々が集う」という啓示を受けました（Nickalls, 1952, p. 104）。この啓示は、単に真理を説いて回るだけではなく、新しい教会を立ち上げるという考えを示している点で、クエーカーの歴史上の転機となる出来事でした。2週間後、セドバーに到着したフォックスは、亜麻の仕事をする人を求める雇い市で、白い衣装を着た労働者を見つけ、そして、次の日曜日の午後には、ファーバンクフェルでシーカーの集会と出会い、「彼らの多くを導き出しました」。つまり、フォックスはその地での説教で大々的な成功を収めたのです。ここからクエーカー運動はより本格的に始まったと言えるでしょう。そのまた2週間後、ウルバーストンへ向かい、フォックスはその地のジェントリの妻であったマーガレット・フェルとその家（スワスモア・ホール）の者たちを回心させ、クエーカー的な体験へ導きました。フェルの支援を得ることで、フォックスは運動の初期段階で、彼とフェルという二重の指導体制を築くことができ、多大な牧会的なスキル、管理上のスキル、そして、神学的なスキルも確保することができました。それだけではありません。フェルの夫であるトマス・フェル判事の庇護も獲得することができました。こうしてスワスモア・ホールは、続く数年間、クエーカー運動の中心地になりました。1654年には、イングランドやウェールズの残りの地やアイルランド、そして、バチカンやコンスタンティノープル、新大陸にまでこのホールから宣教者が送られました。

1・2　クエーカー運動の背景

ある意味でクエーカー運動は、キリスト教の歴史に見られる二つの側面に対応するものとして1650年代に始まったと言ってよいでしょう。ひとつ目の側面は、キリスト教という宗教をより完全に改革しようというプロテスタント的な感情であり、二つ目は、キリスト教の土台となっている再臨待望です。

ヘンリー八世がローマ・カトリックから離れ、イングランド国教会を創設した1534年の改革以来、この改革をより徹底したものにしたいと考える人々が存在していました。ヘンリー八世の改革は、神学的というよりもむしろ政治的なものだったため、多くの急進派の人々はそうした教会の状態に満足しませんでした。１５９０年以降、英語でも聖書が読めるようになり、また、特に欽定訳聖書がどこの教会にも置かれるようになった１６１１年以降は、典礼のあり方や教会のあり方（つまり、教会がどのようにあるべきか）についてもっと追求したいと考える人々の熱意が高まっていました。イングランド内戦（ピューリタン革命）によって、急進派の宗教思想や教会の新しい可能性に関する議論がさらに勢いづきました。１６５０年代の特徴である穏健派による宗教的な解決、また、オリバー・クロムウェルによる統治は、多くの人々にとって満足のいくものではありませんでした。しかしながら、共和制の体制下では、数々のセクト的な宗教グループに十分な自由が与えられ、結果として、クエーカーも自分たちの運動を新しい真の教会として、つまり、完全に改革された教会の模範として提示することができたのです。

キリスト教も、パウロによって預言されたキリストの再臨が今すぐには起きるとは限らないと認識されるようになって初めて、ひとつの宗教として成立したという経緯があります。そして、人間には信仰深く再臨を待ち続けるための助けが必要であり、教会制度、また教会の役職や慣習は、そうした必要性を満たすための実用的（pragmatic）な対応だったのです。教会の公文書を見れば、そうした儀礼や制度は、あくまでも一時的なものとして設けられたにすぎないことは明らかです。たとえば、今日でもイングランド国教会やローマ・カトリック教会を訪ねてみればすぐ分かるように、聖餐の儀式はキリストの到来を思い起こし、そして、キリストの再臨を待ち望むことに関わるものです。アルベルト・シュバイツァーが語ったように、キリスト教の歴史は、再臨の遅延の歴史（再臨を待ち望む歴史）なのです。

初期クエーカーは、自分たちがそのキリストの再臨を最初に経験した人々（先駆者）であると感じており、そして、その経験が最終的にはすべての人において到来し、全世界の変容につながると考えていました。また、エレミヤ書や特にヨハネの黙示録に基づいて、初期クエーカーは、キリストの再臨は内的な経験であるとも主張しました。したがって、すべての人々が経験することになるこの内的な再臨が意味するところは、これまでキリスト教が行ってきたことは、今となっては必要のない時代錯誤なもので、過去のものとなったということでした。

不要とされたのは、聖職者や彼らの説教だけではありません。こうした体験から初期クエーカーは、人間と神との直接的な出会いと、その出会いがもたらす変容体験が、教会制度や外的なサクラメントをなくとも構わないものにしたと考えていました。というのは、彼らはヨハネの黙示録３章20節について、[4] キリストは叩かれた戸口に応答する者とともに内的に（inwardly）食すると解釈していたからで、また、こうしたキリストとの交わり（communion）が、主の到来までパンを裂くよう命ずるコリントの信徒への第一の手紙11章23―26節の制定の言葉に取って代わるものであると考えていたからです。主はすでに来られたわけです。だから、祝うべき新しい交わりの食卓、つまり、小羊の婚宴が存在するのです。同時に、主を記念し、主の到来を待ち望む便宜として作り出された教会暦に配慮する必要もありませんでした。初期クエーカーにとって、すべての日が等しく神聖であり、特別な日だからです。日曜日もクリスマスも、そして、イースターも、彼らは特別視することはありませんでした。同様に、今も続く神からの働きかけによる個人の変容体験の性質を考えれば、クエーカーにとってすべての場所は神聖な場ということになり、それゆえ、彼らはどのような場所でも（それはときに、納屋であったり、道ばたであったりしました）ともに集い、説教をし、そして、礼拝を守りました。クエーカーは、自分たちの家で集会を開いていましたが、そうした家が手狭になって初めて、「集会所（Meeting Houses）」[5]を作りました。

クエーカーは、このように自分たちの信仰を「終末待望の終わり」として提示しました。つまり、完全な教会の改革として、そして、もっと大きな視点から言えば、今まさしく始まる再臨として提示したのです。彼らの主張は、「キリストは来られたのであり、また来られる（Christ is come and is Coming）」ということでした。キリストは、「確信」を得た人々にすでに到来したのであり、また、すべての人々に到来するものだったのです。クエーカーは、自らを真の教会であり、神の選ばれし民であり、神の先導者であると考えていましたが、それとともに、すべての人がその選ばれし民になることができ、また、救いに与ることができると主張しました。というのは、すべての人は霊的には平等だからです。こうしたクエーカーの信仰や彼らの主張の多くが傲慢に見えたため、予定説を信じていたカルヴァン主義者は憤りを感じることになりました。

1・3 クエーカーと集会

初期クエーカーは、神の啓示を経験するために沈黙（silence）という方法（medium）を取りました。彼らの礼拝は概して3時間も続くことがあり、どういった場所でも行われ、そして、適宜沈黙が間に挟まれた多くの説教（その逆ではなく）がその特徴でした。礼拝で言葉を実際に口に出す際には、彼らは煩悶し、悩み苦しんだという（日記などの）記録もあります。(6) 彼らの「宣教（ministry）」は、たいてい立って行われました。一方で、祈りの場面では祈祷する者が跪《ひざまず》き、他の人々は帽子を取って、立って聞いていました。そのように立って聞くのは、祈りのときだけでした。霊的な平等という彼らの考えから、神に促されたときには誰でも話を始めても構いませんでした。初期クエーカー運動の45パーセントを占めていた女性による宣教活動は、当時としては非常に意義あるもので、クエーカー運動の成功に大きく貢献しました。聖徒による集会に加えて、彼らの集会には他にも、公の場での説教集会、興味を持つ人々の間で議論が行われる検討集会（threshing meeting）などがありました。また、クエーカーは様々な証しを行いました。たとえば、「裸になって通りを歩いたり」しました。こうした証しは、彼らが神との間で交わした新しい契約を示すためのしるしとして、また、これまでの信仰のあり方が背教的であるとの考えを示すためのしるしとして行われました。こうしたクエーカーの礼拝については、第3章でより詳しく取り扱いたいと思います。

教会のなかで必要となる業務の習慣や教会の形態はゆっくりと形成されていきましたが、そうした発展は、神が教会に対して、つまり、信徒からなる（キリストの）身体に対して直接語りかけるという考えに応じたものでした。教会は神の権威が現れる場であり、沈黙は神の語りかけを聞くための契機でした。クエーカーは、集会で事細かに記録を残す習慣を持っており、何か決定が下されたときには、その場にいるすべての人が一致に至ることができるように議事録を作成するようになりました。

クエーカーの教会は、もともと中央集権型ではなく、各地区の集会がおのおの物事を決定するという分権型の体制でしたが、広範な相互連絡体制や重要な指導者の巡回宣教によって、彼らの信仰と実践は統一されたものとなっていきました。(王政復古後の) 1660年代になって、教会の体制は (過激なクエーカーの存在や外部からの迫害といった内外の要因による運動の崩壊を防ぐために) 集権型の体制になりました。

もちろん、指導職は特定の人物に結びつくようなものではなく、霊的な権威という固定化された階層的なシステムもありませんでしたが、運動の初期から長老職 (elders) が実際的な必要性から設けられました。こうしたことから、1691年にフォックスが亡くなった際にも、指導者がいない状態に陥ることはありませんでした。長老職などの役割が整備されていたからです。

1・4 クエーカーの証し

初期クエーカーの体験の結果として、そして、(当時としては) 急進的な礼拝のあり方や業務のあり方の結果として、この世から見て、また、神を知らない人々から見て奇異に思える特殊な行動様式が様々な形で現れました。ここでは、それらの行動、つまり、彼らの証しについて見ていきましょう。

クエーカーは、他の教会のことを「ミサの館（mashouse）」や「尖った建物（steeplehouse）」、そして、聖職者のことを「雇われ牧師・神父（hiring ministry）」と呼び、それらを支えるために使われる教会税の支払いを拒否したり、その他の法律に抵触したりしたことで裁判にかけられた際も、イエスの言葉に従って宣誓を行いませんでした。それは、マタイによる福音書に「誓ってはならない」と書いてあるからであり、また、いついかなるときも正直であり誠実であると主張している自分たちが、法廷で真実を述べると宣誓を行うのはおかしなことのように思えたからです。こうしたクエーカーの証しをめぐる法廷でのやりとりは、しばしば彼らが説教を展開する絶好の機会となりました。

クエーカーはまた、異教に由来する月日の名前を用いるのではなく、月日を単なる数字で表すのを好みました。たとえば、日曜日は第一の日（first day）、月曜日は第二の日（second day）のようにです。月の数え方も同様でした。１７５１年に暦がユリウス暦からグレゴリウス暦に変わり、三月（March）が第一の月ではなく第三の月になったため、クエーカーの集会では、月日の数え方を長々と説明する必要がありました。

当時は、エチケットとされるものがたくさんありましたが、彼らはそれらを虚飾であると考え、お辞儀もせず、慇懃《いんぎん》な表現もしませんでしたし、挨拶として帽子を持ち上げたり、家のなかで帽子を脱ぐこともしませんでした。また、誰に対しても、丁寧な表現である「あなた（you）」ではなく、通常の「汝／あんた（thee, thou）」を好んで用いました。トマス・エルウッド（Thomas Elwood, 1639-1714）がクエーカーに改宗し、オックスフォードで友人たちに出会ったとき、彼らはエルウッドの風変わりな行動ですぐに彼がクエーカーになったと分かったそうです。

何人かの知り合いが、私に気づき、近づいてきた。彼らのうちのひとりはガウンを着た学生で、もうひとりはオックスフォードの町の外科医だった。……彼らが皆、私のところに来ると、いつものように帽子を取り、お辞儀して「あなたの忠実なる僕《しもべ》です。旦那様」と言って、何の疑問も持たずに私からの同じような対応を期待して、挨拶してきた。しかし、彼らは私がじっと立ったままで、帽子を上げもせず、ましてや彼らのように膝を折り曲げてお辞儀もしなかったのに驚いたようで、互いの顔を見合って、そして、私の顔をまじまじと見た。そしてまた、しばらく黙って互いの顔を見合っていた。そしてようやく、外科医の方が……いつものように私の肩を手で叩いて、にやにやしながら「なんてことだ、トム。クエーカーか！」と言った。その言葉に、私は笑みを浮かべて答えた。「そうだ、クエーカーだ」。その言葉が私の口から出たとき、私の心に喜びの感情が湧くのを感じた。なぜなら、彼らにつられて同じことをしなかったことが嬉しかったし、軽蔑された人々のひとりであることを告白する気概と勇気が自分にあったことが嬉しかったからである。（*Quaker Faith and Practice*, 1995: 19.16）

同じく、服装についても、クエーカーは特有の考えを持っていました。特に必要がないならば、外的なものは「質素な（plain）」ものであるべきと考えており、この原則が服装や言葉遣いに表れていました。有名なクエーカー・グレイという灰色の広い縁の帽子やあごひも付の帽子は、18世紀に特によく見られたクエーカーの装いですが、最初期のクエーカーもすぐにその質素な服装で知られるようになりました。

第四の日（水曜日）や第一の日（日曜日）には、クエーカーは店を閉めて、礼拝を守っていましたが、クリスマスには（もしその日が水曜日や日曜日でないなら）、店を開けていました。クエーカーの商人は、値段交渉をせずに、定価で売買しました[7]。定価での売買は、当時は普通のことではなかったのですが、それは真理や誠実さに対するクエーカーの証しを反映するものでした。クエーカーの習慣の多くが現在は一般的になっていますが、定価で売買していたために、クエーカーは正直だと評判になり、銀行業にもたずさわるようになりました[8]。

彼らの生活スタイルもまた、質素なものでした。彼らは質素な家を好み、質素な生活を送っていました。彼らは、仰々しい墓石なしに埋葬していましたし、音楽や演劇の軽々しさに流されないように、それらに慎重な態度を取っていました。１６６０年代にソロモン・エクルズ（Solomon Eccles, 1618-83）という作曲家がクエーカーになった際、彼は自分のバイオリンを叩き割ったほどです。また、別のクエーカーは自分のリボンを燃やしたそうです。19世紀になって、質素の証しは「簡素さ（simplicity）」への好みや「簡素さ」の奨めに変わることになります。クエーカーの証しは時とともに変化しますが、その変化は彼らの霊的な体験の結果であって、クエーカーにとって決して好き勝手に決めてよいものではありませんでした。たとえば、彼らは自らを背教の世における聖徒と考えており、その証しとして、クエーカーではない家族から離れたり、聖職者なしに自分たちのやり方でクエーカー同士の結婚式を執り行ったり、子どもたちをクエーカーとして育て上げたりしました。

1650年、フォックスがダービーの牢獄に入っていたとき、彼は、解放の条件として軍隊の指揮官になるよう求められましたが、闘いは外的な武器ではなく霊的な武器で行うのだと語り、その申し出を断りました。1660年に王政が復活しましたが、マーガレット・フェルはそうした（非戦に関する）見解を簡単にまとめて、クエーカーの平和的な性質について手紙をしたため、チャールズ二世に送りました。彼女の言葉は、6カ月後に出されたより公的な文書である『クエーカーと呼ばれる、悪意のない無垢なる神の民からの宣言（*A Declaration from the Harmless and Innocent People of God, called Quakers*）』に反映されています。初期クエーカーの多くが議会軍に参加していましたが（たとえば、ジェームズ・ネイラーは、ジョン・ランバート将軍のもとで補給将校として仕えていました）、真理の確信の経験によって、彼らは平和主義的な立場に立つようになり、外的な戦争や戦闘を現世的なものとみなすようになりました。この証し（今日では、よく「平和の証し（peace testimony）」と呼ばれたりします）は、世界中のクエーカーの規範となりました。もちろん、どの時代でも武器を取って戦争に参加することを選んだクエーカーもいますが[9]、紛争を解決し、平和を作り出すための手段としての外的な戦争は、３５０年以上の歴史のなかで否定されてきました。それと平行してクエーカーは、戦争での救済活動、復興支援活動、紛争解決で評価を得てきました。

社会的・政治的な背景から、アメリカのクエーカーの状況はイギリスとは異なっていました。マサチューセッツのピューリタンの植民地では、１６５９年にメアリー・ダイヤー（Mary Dyer, 1611-60）を含む４名のクエーカーが信仰を理由に絞首刑に処されましたが、一方で、特にロードアイランドやペンシルバニアでは、クエーカーは宗教的寛容への道を開くことができました。ペンシルバニアは、１６６０年代後半にクエーカーに改宗したジェントリであるウィリアム・ペン（William Penn,1644-1718）によって開拓された植民地です。１６７０年にこの植民地で行われた、ペンとウィリアム・ミード（William Meade, 1628-1713）に対する裁判によって、裁判官の勧告に対して陪審員が反論する権利が与えられることになりました。また彼は、父ペン提督にちなんで名づけられたその土地に住むアメリカ先住民と友好条約を結び、クエーカーの教えに基づいた統治体制を築こうとしました。これが、いわゆる「聖なる実験（Holy Experiment）」です。残念なことに、当時、クエーカーは依然として国王の命令に従わなければならなかったため、この聖なる実験が、完全にその可能性を発揮することはありませんでした。また、１７５６年には、クエーカーは、フレンチ・インディアン戦争に用いられる税金を（評決によって）承認するのを拒否して、議会から一団となって抜ける選択をしました。アメリカの植民地とイギリスのクエーカーの相違は、植民地ではクエーカーは（彼らの理念に基づいた）統治を諦める決断をした点にあり、また、イギリスでは、1870年頃まで完全な権利を持つ市民として認められなかった点にあります。すなわち、1870年代になって初めて、クエーカーは知的専門職に就けるようになり、大学にも自由に通えるようになるのです。

1・5　時代への適応

1660年代の半ばまでには、キリストの再臨が始まるという希望は徐々に薄れ始め、あまり言及されることもなくなりました。その結果、完全の教理も人間の弱さを取り扱う形へと適応しなければなりませんでした。また、クエーカーの信仰は、より内向的な信仰へと変わりました。これは、チャールズ二世の統治下で彼らが直面した議会による迫害への対応の結果でもありました。1万1000人のクエーカーが当時投獄され、何百というクエーカーが獄死したのです。

次の章で詳しく見ていきますが、クエーカーの神学は18世紀に変化し、信仰復興運動の影響で19世紀にまた変化し、そして、20世紀にも再度変化しています。19世紀以来、いくつかの分裂を経験しましたが、その結果、1920年頃までには、はっきり区別できる三つの伝統が存在するようになっていました。[10] すなわち、福音派クエーカー、保守派クエーカー、そして、自由主義クエーカーの三つです。これらすべての伝統は、世俗的なあり方に反対する証しを行ってきましたが、20世紀になってついにクエーカーはクリスマスを祝うようになり、そして、クエーカー流の簡素な言葉遣いや服装もやめてしまいました。ですが、クエーカーは今でも「この世にいても、この世に属するものではない（in the world but not of it）」という意識は保持しています。なお、これまでアメリカの大統領になったクエーカーは２人います。ひとりはハーバート・フーヴァー（Herbert C. Hoover, 1874-1964）で、もうひとりはリチャード・ニクソン（Richard M. Nixon, 1913-94）です。イギリスでも、クエーカーで議員になった人はたくさんいました。東南アジアをめぐるニクソンに関する記録をクエーカーの反戦の証しと結びつけることは困難ですし、また彼が真実を述べると宣誓したこともクエーカーの教えに合わないことですが、彼が亡くなった後に書かれた彼を偲ぶ記事には、ロシアや中国に最初に訪問した大統領となったことにはクエーカーとしての彼の気質が関わっていたとありました。しかしながら、社会がクエーカーに対してますます寛容になり、クエーカーが信仰生活を送る上で特に支障もなくなるにつれて、クエーカーもこの世界に寛容になっていきました。

ハーバート・フーヴァー（1874-1964年）
（1929年撮影）

1820年以降、クエーカーは自分たちを真の教会とみなすことをやめ、むしろ真の教会の一部であるとの見解に改めました。そして、奴隷制度反対運動や禁酒運動などで他の宗派のキリスト者とともに働きをなすようになりました。現代の自由主義の伝統では、こうしたエキュメニカルな精神はさらにもっと進んで、他の宗教の見解にも寛容になっています。たとえば、ノン・クリスチャン的な神学や非人格神論的な霊性について主張するクエーカーもいるほどです（第4章および第6章を参照）。

1・6 クエーカーの伝統

では、三つの伝統の相違は何でしょうか。福音派クエーカーは世界中で28万人ほどいますが、そのなかにもさらに、ホーリネス系、原理主義者、近代主義の福音派といった違いがあります。ケニアのクエーカーだけで、福音派の半数、すなわち、クエーカー全体の三分の一を占めています。また、ブルンジにもかなり大きい福音派のグループが存在しています。福音派は、北アメリカや中央・南アメリカでも非常に多く、インドや東アジアでも多く見られます。これらの福音派のグループは、牧師によって導かれる礼拝形態を取っており、賛美歌も歌います。ごくまれですが、聖餐を行うところもあります。福音派クエーカーは自分たちのことを、「集会」ではなく、「フレンズ教会（Friends' Churches）」と呼びます。とはいえ、保守派クエーカーと自由主義クエーカーとともに彼らも平和主義を維持しており、一般的に（自分たちのことを）「この世に属さない者」と考えて、はっきりとしたクエーカーとしてのアイデンティティを持っています。しかし、彼らも社会共同体に奉仕する際には、その宗派的なアイデンティティは背景に退くことが多々あります。

保守派クエーカーのルーツは、１６６０年代以降に組織化された宗派としてのクエーカーです。保守派のクエーカーは、沈黙の礼拝を守り、キリストとの直接的な交わりを第一の権威と考え、昔ながらのクエーカーのあり方と証しを維持しています。彼らの信徒数は、世界で１５００人ほどで、主に北アメリカで見られます。また、ヨーロッパでも、数は少ないですが保守派のクエーカーがいます。

自由主義クエーカーは、19世紀末頃に大学で教育を受けた幾人かの若いクエーカーが近代に適合する形で生み出したのが始まりです。自由主義クエーカーは、経験に第一の権威を見出し、信仰をめぐる教理の面で非常に寛容な態度を取っています。先に述べたように、彼らのなかにはノン・クリスチャンのクエーカーもいますし、神の存在を認めないクエーカーもいます。しかし、彼らは、初期そのままの理解とは異なりますが、創設以来行われている沈黙の礼拝を守り続けています。自由主義クエーカーの多くは、ヨーロッパ、日本、オーストラリア、ニュージーランド、カナダ、そして、アメリカの一部地域に見られます。大西洋両岸の自由主義クエーカーは、リベラルな態度で有名です。彼らの数は、世界で5万５０００人ほどです。

これらすべての伝統は、初期クエーカーの神学的な流れに連なるものですが、どの伝統も創設時のクエーカーのあり方をすべて持ち合わせているわけではありません。彼らの発展の歴史と変革については、次の章で見ていきましょう。

第2章 クエーカーの歴史

この章では、１６５０年代から今日までのクエーカーの歴史について概観したいと思います。

2・1 初期の熱狂主義

運動もしくは新しい教会を創設することを決定してすぐに、初期クエーカーはその試みに大成功しました。比較的自由な状況であった１６５０年代に、クエーカーは広範囲に宣教活動を展開しました。（ルカによる福音書10章１節に倣って、使徒たちのように）60から70組くらいの巡回説教者が、誰に対しても開かれている神との新しい契約に向かう手助けをするために、イングランドやウェールズ（後にはアイルランドも）をまんべんなく旅して回りました。１６５８年には、彼らは教皇を改宗させようとローマへと向かい、メアリー・フィッシャー（Mary Fisher, 1623?-98）は、コンスタンティノープルでスルタンに謁見しました。初期の頃から、クエーカーは宣教のため、もしくは移住のためにアメリカにも向かいました。イギリスのクエーカーの数は増加し続け、１６８０年までには人口の約１パーセントの８万人ほどになりました。重要な港であるブリストルなどでは、人口の10パーセントほどがクエーカーであったと言われています。

クエーカーは、非常に有能な説教者のように人々の目に映ったようです。また、非常に多くの神学的なトラクトを書きました。彼らの信仰は魅力的でした。というのは、二重予定説を説くカルヴァン主義者とは違って、クエーカーは万人救済の可能性を説いていたからです（訳者　141－142頁を参照）。[11] また、固定化された聖職制度や霊的な階層制度がないところも、魅力的に映った理由でした。宣教の機会はすべての男女に開かれており、宣教にたずさわる者は（急進的な政治的意味合いを含む）急進的な霊的ビジョンを持っていましたが、同時にそれはしっかりとした強力な道徳律によって抑制されていました。クエーカー信仰は、思想、経験、そして、可能性という要素の興味深い組み合わせだったのです。

クエーカー運動は、同時に多くの敵対者を持つことにもなりました。完全の教理[12]は、人間の罪性を強調する人々にとって怒りを呼び起こすような教えでしたし、クエーカー信仰そのものが多くの人にとって、（冒涜《ぼうとく》的ではないにせよ）非常に傲慢なものに見えたのです。特に聖徒は「キリストのよう」であり、神の子であるというクエーカーの主張が理由となって、ジョージ・フォックスやジェームズ・ネイラーは投獄され、ネイラーはほとんどの人生を牢屋で過ごすことになりました。ネイラーは、ウェルズのグラストンベリーでキリストの再臨のしるしとして馬に乗って町に入るという証しを行い、1656年にはブリストルでも同様の行為を行いました（そして、他の者が「ホーリー、ホーリー」と周りで叫んでいました）。こうした証しの行為は、初期クエーカーには珍しくなかったのですが、このブリストル事件の後、ネイラーは自分のことをキリストであると主張した咎《とが》で裁判にかけられました。この事件は議会に送られ、彼は絞首刑の代わりにむち打ち刑に処され、額に〝B〟（冒涜者（Blasphemer）の意味）と焼き印を入れられ、舌に穴を開けられました。こうした処罰でネイラーは瀕死の状態に陥りました。そして、その後、彼は投獄されました。

ネイラーは、クエーカー運動においてフォックスと同等の指導者であると多くの人々から見られていました。重要な指導者がこうした処罰を受けることによって、クエーカー運動は崩壊寸前の状態になりました。ネイラーは、こうした証しをなす直前にフォックスと仲違いしており、他のクエーカーのなかにはネイラーの仲間たちの熱狂主義を非難する者もいました。この事件をめぐって、ロンドンのクエーカーたちは意見が分かれました。そして、ネイラーの仲間たちは、（クエーカーが他の教会の礼拝でよくやっていたように）ロンドンの集会を分裂させました。ネイラーは、決して当局には反省の弁を述べませんでしたが、クエーカーたちには牢獄から手紙をよこして、「神の導きを誤解した」と語りました。

2・2　教えの変化

重要な教えもいつまでも維持することが困難なのは明らかです。もしあるクエーカーが通りで酔っぱらっているところを見られたら、完全の教理との整合性はどうなるでしょう。すべての人が神の導きに与ることができるのならば、どうして意見の対立が生じたり、論争でどちらの側が正しいかを知ることができるのでしょう。キリストの再臨が近づいており、キリストがすべての人々に到来するのであれば、一体いつそれは起こるのでしょう。早くも1653年頃には、それぞれの人はその人に応じた「分（measure）」だけ内なる光（Inward Light）[13]の働きが与えられているとの考えが主張され始め、そのときから完全の教理は修正されることになりました。重要なことは、それぞれのクエーカーがその分に応じて生きることであるとされました。クエーカー運動は、ネイラー事件の後、1656年の終わり頃に再編成され、すべての個々の「神からの導き」が信仰共同体の証しによって検証される習慣が導入されました。この共同の証しによる検証という習慣は今日まで続いています。

1660年代は、クエーカー運動にとって非常に困難な時期でした。王政復古がクエーカーにもたらしたものは、予防措置としての拘束、1662年のクエーカー法[14]のような市民としての権利を剥奪する露骨な法律の制定、多くのクエーカーの投獄、そして何人かの指導者の死去でした。たとえば、ジョージ・フォックスやマーガレット・フェルは何年も牢獄で過ごしました。ネイラーは牢屋から出た後、1660年に亡くなりました。また、エドワード・バローは1662年に死去しました。さらに悪いことに、この頃、ヴァチカンへの宣教を担ったひとりであるジョン・ペロット（John Perrot, ?-1665）がイングランドに帰ってきて、新しい啓示を受けたと言い始めました。ペロットによれば、クエーカーは、神によって導かれたときのみ集会を守るべきであり、また、「帽子を取って敬意を示す」ことは（クエーカーは祈りのときだけは神に対して帽子を脱いでいました）、靴を脱ぐことに変えるべきだというのです。フォックスは、クエーカーはこうした神の定めに与ったのであって、そうした定めにおいて不和が生じるとすれば、新たな啓示（fresh revelation）の正当性をめぐる内的な分裂が起こることになり、すでに外部から加えられている攻撃をさらに増し加えることになるとペロットに語り、自分の啓示だけに頼る彼の主張に反論しました。

社会のなかでのクエーカーのあり方は、ますます形式ばったものになっていきました。１６６１年に出された『クエーカーと呼ばれる、悪意のない無垢なる神の民からの宣言』は、戦争や争いに反対する証しを公式化したものです。１６６１年の『兄弟からの証し（*A Testimony from Brethren*）』は、新しい教会をめぐる様々な問題を解決するための教会規律について述べたものです。また、各地区の集会は、「月会（Monthly Meetings）」のもとにまとめられました。月会は、月に１回、教会の業務について話し合うための集会です。この月会は、さらに「四季会／季会（Quarterly Meetings）」のもとにまとめられました。しばらくしてこれらの集会は、「年会（Yearly Meeting）」を構成するようになりました。こうして、指導者のエネルギーは、かつての宣教から教会内部の管理へと向かうことになりました。１６７１年には、第二日早朝集会（月曜の朝の集会）が出版委員会として立ち上げられ、委員会の承認なしにはクエーカーの公的な書物は出版できないことになりました。「受難対策集会（Meeting for Sufferings）」が、投獄されているクエーカーの釈放について政府に嘆願するために創設されました。さらに男性の業務集会（Business Meetings）

と女性の業務集会が（それぞれの集会では男・女それぞれが責任を担います）、月会や四季会などすべての集会で別々に設置されることが推奨されました。フォックスによれば、男女の業務集会を分けることは、女性が自分の意見を持つことが必要との考えからでしたが、彼女たちの影響力は女性的な領域に制限されており、実際にたずさわるのは結婚の手続きや貧民救済といった牧会的な業務だけでした。霊的な平等性という考えは続いていましたが、それは政治的な平等を意味しなかったようです。女性のクエーカーが女性自身の年会を持ったのは１７８４年で、イギリスでは、１９０９年になって初めて、男女一緒の年会が開始されました。

2・3　18世紀のクエーカー

１６７６年に、クエーカーに回心したジェントリで、第二世代にあたるロバート・バークレー（Robert Barclay, 1648-90）が、最初で最後と言ってもよい、クエーカーの組織神学書を著しました（この書は、短いタイトル『弁明（*The Apology*）』で広く知られています）。そうした神学的な体系化によって、クエーカーの教えに関して何らかの修正が加わってしまうのは仕方がなかったのかもしれません。[15] バークレーは（第一世代のクエーカーと同様に）神との直接的な出会いの普遍的性質を主張し、共同の証しによる検証の必要性を述べ、完全についても語っていますが、完全の教えについてはさらなる成長を伴うものということになりました。[16] また、キリストの到来についての言及は、彼のどの著作にも、そうした言葉が期待されるような箇所にも見られず、代わりに（キリストの到来までの中間期において）この世界でどのように生きていくかという助言が書かれているだけです。

こうした助言は、時間が経つにつれてますます規範的なものとして捉えられ、広範囲にわたるものになっていきました。マーガレット・フェルは、服装の色が規定されることを「まったくばかげたつまらぬ福音」と呼んだほどですが、こうしてクエーカーの証しは、「確信」にとって重要なものから「信仰深く待ち続ける」ことを象徴するものへと変化していきました。生まれたときから「クエーカー」として育てられた第二世代、第三世代の人々にとっての一番の問題は、変容体験に至るまでの人生をいかに支えられて生きるかということでした。[17] バークレーはこの問題をめぐって、すべての人には神からの働きかけが生じる「訪れの日（day of visitation）」が準備されており、もしその日を逃してしまったならば、救いの可能性も失われると論じました。そうして若いクエーカーたちは、まじめに神からの働きかけを待ち望むように、そして、自分自身の情感が霊的な生活に干渉しないようにと育てられました。たとえば、音楽、読書、観劇などは不適切な娯楽とみなされました。当時のクエーカーは、クエーカーとのみ結婚が許され、教会の規律を破れば「破門（disownment）」されることもありました。こうしたあり方が、中間期（終末の到来を待つ期間）におけるキリスト教信仰のクエーカー的なあり方、つまり、内面的な（内向きの）クエーカー信仰となっていったのです。次の章で詳しく見るように、クエーカーは内なる導きを求める礼拝方式を変更することはありませんでしたが、（逆説的なことに）質素な服装、簡素な言葉遣い、質素な生活などを敬虔の外的シンボルとして用いるようになりました。これらのシンボルは、自分たちを堕落した、そして、堕落し続けているこの世界から分離させる役割を果たし、また、自分たちがどういった者であるのかを常に思い起こさせる役割を果たしました。このようにして、17世紀後半のクエーカーは、かつてのように神とともに働きをなす者、真の教会の先駆けとなる者から、神とこの世界に恐れを抱く残存者の集団へと変化してしまいました。バークレーの『弁明』のタイトルの下には、「特別な民（peculiar people)」として神のもとで清められるようにと、テトスへの手紙2章11―14節からの言葉が載せられています。[18]当時のクエーカーは、そうした特別なあり方を強く求めたのです。

19世紀初頭まで続くこの内向的な信仰の時期における、一見矛盾するように見える別の側面としては、自宅や集会の外部では、クエーカーたちはこの時期に発生し始めた資本主義に非常に活発に関わっていたことがあげられます。銀行業のみならず、クエーカーたちは、靴製造業（たとえばクラークス）や、後には鉄鋼業（コールブルックデールのダービー家はクエーカーでした）、そして、チョコレート製造業（フライズ、キャドバリー、ラウントリーはすべてクエーカー系の企業です）において突出した働きを示しました。非国教徒であることから、専門職や議員職に就くことができなかったため、彼らのエネルギーは商業や工業に向けられたのです。ダーリントンのサッカーチームのニックネームは、「クエーカーズ（the Quakers)」ですが、その名前は、この町の資産家にはクエーカーが多かったことに由来します。

初期のように熱心に宣教を行うのではなく信仰深く待ち続けようとの態度は、豊かな霊性ももたらしました。（初期のクエーカーの教えがいくぶんそうであったように）熱狂主義的に終末を待望する人々は少なくなりましたが、神を直接知ったと主張し、神との媒介となる書物や説教者を必要としない人々は依然として存在していました。彼らにとって、神に導かれることがすべてであり、彼らの主な関心は、個々のクエーカーが誘惑となるものを避け、神からの真の導きに従うことでした。

18世紀の大西洋両岸のクエーカーの共同体は、親族関係や商売の関係によって、また、共通の神学的な理解によって強く結ばれており、謙虚さと勤勉さをもって活動することにますます関心を持っていました。ただし、謙虚さと勤勉さをもって活動するというのは、この世界で力強く公正な活動をするために、（神の導きを求めて）心の内へ退くことを意味していました。第１章で述べたことですが、１７５６年、ペンシルバニアのクエーカーは、（戦争に対する反対から）ほぼ全員、議会の職から集団辞職して政治の世界から退きました（こうして「聖なる実験」、つまり、クエーカー運動内での広い意味合いでの改革が終焉を迎えました）。つまり、この頃のクエーカーの集会は純粋性（purity）を維持し、純粋性を示すことに関心があったのです。そうしたことから、免許状を与えられた巡回説教者は（巡回説教するには免許状が必要でしたが）、回心する可能性のある人々ではなく、通常すでにクエーカーとなっている人々のところへ向かいました。

奴隷解放運動に活発に関わったクエーカーとして、ニュージャージーのクエーカー、ジョン・ウールマン（John Woolman, 1720-72）がいますが、彼の『日記』では、神に導かれた人の霊的な

「ウィリアム・ペンとインディアンの条約締結」
（ペンシルバニア、1681年）

長い旅路の様子を見ることができます。また、戦争税への反対、アメリカ先住民の権利や貧民の窮状の訴え、そして、アメリカのクエーカーが奴隷を所持することに反対する彼に賛同を求める訴えが明瞭に記されています。ウールマンは、家業を売却し、染色していない服を着ていました（というのは、染色布は、奴隷の仕事によって作られていたからです）。彼はこれまでの人生は不信仰であったと感じ、神によって許され回復されたと感じるまで、ベッドに深く横たわっていたそうです。彼の非常に活動的な働きのすべては、神の導きによるものでした。こうした18世紀クエーカーのあり方を示すもうひとつの例は、結婚に関する慎重な態度です。キャサリン・フィリップス(Catherine P. Phillips, 1727-94)は、自分が見つけたパートナーが適切な人物であると確信するまで23年も待ちました。ジョセフ・コンラン（Joseph Conran）は、初めてルイザ・ストロングマン（Louisa Strongman）に出会ったとき、「愛の息吹を自然的以上のものに感じた」と言います（つまり、超自然的なものとして感じたので、それゆえ、信頼することができるというのです。Damiano, 1988, p. 184）。そのとき、彼は彼女が妻になると感じましたが、その2年後になって彼は彼女に話しかけ、それからさらに6年後に、ようやく彼らは結婚しました。クエーカーは、「何」が正しいのかということだけではなく、「何時《いつ》」が正しいのかにも同様に配慮していたのです。

もうひとり有名なクエーカーに、ノリッジのクエーカー、エリザベス・ガーニー（後のエリザベス・フライ Elizabeth Fry, 1780-1845）がいます。彼女は、クエーカー・グレイの衣装の下に緋色のレースと紫のブーツを身につけていたため、アメリカからの巡回説教者ウィリアム・セーヴァリー（William Savery, 1750-1804）からもっと真面目な生活を送るようにと説かれるような女性でした。しかし、夫とともにロンドンに引っ越した後、ニューゲートの監獄で移送されるのを待っている女性の囚人たちの援助にたずさわるようになりました。彼女は、オーストラリアに到着したときに売り物にできるようにとキルトのセットを与えて、何千もの移送待ちの囚人が長い旅へと向かう準備の手助けをしました。こうした彼女の働きは、その後のクエーカーの監獄改善運動へとつながりました。

ウールマンやフライのような社会改革運動の先駆者は、必ずしも生きている間に賞賛の対象になるとは限りませんでした。ウールマンの奴隷反対運動は、彼が訪れた集会でいつも支持されるとは限りませんでしたし、フライも、彼女の子どもがノン・クエーカーと結婚したということで、懲戒処分を受けました。しかし後になって、先駆的な働きをしたとして、彼らの名誉は回復されました。

2・4　19世紀のクエーカー

19世紀には、ひとつの信仰共同体としてのクエーカーは終わりを迎えることになります。そして、それに伴って、クエーカーこそが「真の教会」だという主張がなされることがなくなりました。これら二つの動向は、最初はアメリカで、そして、次にイギリスで生じた信仰復興運動（いわゆる、第二次大覚醒）のクエーカーへの影響に関係しています。信仰復興運動は、クエーカー内部に神学的論争を引き起こしました。また、信仰復興運動によって、クエーカーはもはや自分たちを真の教会として見ることはなくなり、真の教会の一部である、つまり、より大きなキリスト教の文脈のなかのひとつの流れとみなすようになりました。

大西洋両岸で生じた最初の分裂の兆候は様々な形で見ることができます。神学的には、信仰復興運動の影響を受けて、クエーカー思想がもっと福音主義的になり、聖書をもっと重んじるようになることを望んだ人々と、外的なもの（聖書の教えをも含む）への抵抗意識からクエーカーの霊性を極端なまでに内面的なものにした人々との対立として生じました。そのどちらの人々も新しい傾向を示していましたが、これら二つのグループは、アメリカでは、前者が「正統派

（Orthodox）」、後者が主導者であるエライアス・ヒックス（Elias Hicks, 1748-1830）の名にちなんで「ヒックス派（the Hicksites）」として知られるようになりました。そして、この二つのグループの間で大分裂（the Great Separation）が起きたのです。ヒックス派の最も極端な人々（たとえば、彼らのなかには理神論者もいました）に対抗して、正統派は正統派で、聖書の役割の重要性を極端なまでに強調し、その権威が伝統的にクエーカー思想の中核であった内なる光の権威と同等か、光の権威よりも上であるとまで主張しました。正統派は、内なる光の教理に関して慎重な態度を取っていたのです。イギリスの福音派のグループのひとつであるビーコン派（the Beaconites）に至っては、内なる光は妄想であるとまで考えました。

社会学的に見れば、正統派クエーカー（後の福音派クエーカー）は概して都市に住むエリート階層出身で、集会では長老の役割を果たす人々でした。一方、ヒックス派は概して地方の人々で、教義よりも修練に関心を持っており、彼らのなかにはフランス革命の急進的政治に興味を示したり、他の預言的運動と関わりを持つ者もいました。正統派もヒックス派もそれぞれ新しく生み出された伝統であると同時に、これまで通りの真面目さと「特別な民」であることを重要視する人々を含んでいました。運動が分裂する際にはよくあることですが、どちらの側でも多くの者は主な問題点が何か分からないままであり、彼らは家族のつながりや、どの集会に出席しているかによってレッテルを貼り合いました。

イギリスでは、福音派は19世紀の初めから影響力を持つようになり、１８２０年代には公に支持されるようになりました。300人ほどのビーコン派は、内なる光に関する極端な見解のゆえに1830年代に福音派から離脱しました。この段階ではまだ、イギリスの福音派の多くは、聖書の権威と直接的な啓示（内なる光）の権威についてバランスの取れた見方をしていたからです。イギリスのクエーカーは、家族的なつながりや地域のつながり、また、少数であること（1680年以来、信徒数は減少を続けており、たとえば、宗派外婚による破門によってさらに減少していました）や、引き続く国からの制限といった理由から相互に結束し合い、まとまっていました。

しかし、アメリカでは、1827年に正統派とヒックス派の対立が頂点に達し、分裂は不可避となり、そうした方がよいとさえ思われるほどでした。彼らは双方とも、クエーカー信仰の純化と「復興（restore）」を目指していました。1827年に生じた分裂の結果、フィラデルフィア年会には二つの年会が併存する状況になりました。つまり、正統派のフィラデルフィア年会とヒックス派のフィラデルフィア年会です。その後、他のアメリカの年会も同様に分裂していきました。

それぞれの年会は、集会所と議事録を自分たちのものとして管理しようとしました。集会所と議事録は、初期クエーカーの伝統に連なるシンボルと見られていたからです。そして、それぞれの年会は、相手側の年会をそっくりそのまま破門しました。正統派のクエーカーにとっては、ヒックス派の信仰は伝統から外れたおかしなもので、それを理由に彼らを破門しました。一方、ヒックス派は、信仰的な真面目さがないとして正統派を破門しました。集会所を失ったグループは自分たちの集会所を作りましたが、それはしばしば通りを挟んだところに建てられました。

１８４０年代から５０年代に至って、正統派の年会は、内なる光の役割をめぐってさらなる分裂に至りました。クエーカーで、エリザベス・フライの弟であるジョセフ・ジョン・ガーニー（Joseph John Gurney, 1788-1847）は、イギリスのクエーカーの間で非常に影響力がありましたが、１８３７年に彼はアメリカへ3年間の巡回説教の旅に出ました。その結果、彼の説教は、ロードアイランド州のジョン・ウィルバー（John Wilbur, 1774-1856）に批判されました。ガーニーは、内なる光の役割は、聖霊の導きによって書かれた聖書を正しく読むための手助けとなることであると主張しましたが、ウィルバーは、このガーニーの考えはあまりにこの世的であり、内なる光に関する態度もあまりに革新的でありすぎると考えました。ウィルバーは、自分の方こそが伝統的なクエーカーのあり方を踏襲しており、啓示によって与えられる権威と聖書の権威のバランスを取っていると考えていました。ガーニーによって勧告を受けたニューイングランド年会は、ウィルバーを破門し、そして１８４３年には、彼の集会の多くの人々をも破門しました。その結果、１８４４年に至って、ニューイングランドには二つの年会が存在するようになりました。伝統的に各地の年会は、毎年それぞれ他の年会に挨拶状や近況報告の手紙を送っていましたが、二つのニューイングランド年会が存在したことで、各地の年会はどちらの年会からの手紙を受け取るかで意見が分かれ、そのことで分裂が進みました。フィラデルフィアでは、手紙を受け取るのを拒否することで、この問題を避けようとしました。１８５４年にオハイオの正統派の年会が分裂するに至っては、オハイオには三つの年会が存在するようになりました。つまり、ヒックス派（後の自由主義）の年会、ガーニー派（福音派）の年会、そしてウィルバー派（後の保守派）の年会です。

当時、クエーカー外部の者にとって、これら三つのグループは見分けがつかなかったかもしれません。この三つの伝統はそれぞれ、集会所で沈黙の礼拝を守り、教会の業務を独特の方法で行い、特有なクエーカー流の服装を身につけ、クエーカー的な言葉遣いをし、戦争や奴隷保持に反対する証しを行っていたからです（何千もの奴隷が、クエーカーによって作られた、いわゆる「地下鉄道／地下鉄組織（underground railway）」によって助け出されましたが、地下鉄道では、移動のための安全な滞在所としてクエーカーなどの家がその役割を果たしました）。神学的な差異よりもおそらくもっと分かりやすく、また、底流にある相違は、次の二点に関する見解でした。すなわち、（a）クエーカーはどれくらい、証しとしての活動においてクエーカーではないキリスト者とともに働くべきなのか、（b）証しとしての活動をするにあたって、法を破るべきなのかどうか、ということです。こうした問題は、三つすべての伝統において緊張をはらむ問題となっていました。たとえば、1842年には、ガーニー派のインディアナ年会が、違法だとしても反奴隷制の活動に従事するクエーカーの存在をめぐって、彼らを支持する側と反対する側に分裂するに至りました（この分裂は10年間続きました）。

ガーニー派は教義を重要視していたため、信仰や解釈の問題がさらなる別の対立をもたらす原因となりました。すなわち、1860年代後半、信仰復興のキャンプ・ミーティングの影響によって、ガーニー派の内部にさらに二つの分派が生じたのです。リニューアル／モダニスト

(Renewal/modernist) のグループとリバイバル／ホーリネス (Revival/holiness) のグループです。

リニューアル・クエーカーの思想は、いくつかの点で、「この世を受け入れる」ガーニー派の態度から当然の帰結として生まれたものでした。彼らは、「特別な民」であることをやめ、時代にあった「刷新された」近代的なクエーカー思想を持ち、御国の完成のために他の宗派のキリスト者とともに活動することを求めました。神学的には、彼らは、後千年王国説 (post-millennialism) の立場に立っていました。すなわち、人間が、聖徒による支配とそれに続くキリストの再臨のための道を備えるのだと信じていたのです。

リバイバル・クエーカーの信仰も、同様に神学的には中間期において待ち続ける信仰でしたが、前千年王国説 (pre-millennialism) の立場を取っていました。つまり、キリストの再臨が聖徒による支配に先立つものと信じており、人間の努力はあまり意味がないという立場でした。彼らは、この世とこの世のあり方に対して慎重な態度を取っていましたが、同時に、超教派的なホーリネス運動によって影響を受け、より大きな同盟関係のなかで活動していました。彼らにとって重要なことは、第一の恵みである回心による変容体験 (transformation experience)、そして、第二の恵みである聖化 (sanctification) でした。初期クエーカーとは違って[19]、彼らは回心の体験と聖化を区別していたのです。たとえば、指導的な立場にあったホーリネス系フレンドのデイヴィッド・アップダグラフ (David Updegraff, 1830-94) は、回心体験から9年後に、「すべての悪しき情感が締め上げられて」初めて、聖化を体験することになったそうです (Hamm, 1988, p. 78)。

（リバイバル・クエーカーから見て）この世的な人々、たとえば、ヒックス派などは特異な生活様式を維持していましたが、リバイバル・クエーカーはそうした特異性を捨て去りました。１８６７年以降、リバイバルの集会は、沈黙の礼拝にいくつかの要素、つまり、説教、突発的な啓示体験、感情的表現、そして音楽などを加え、それらを恒常的に用いるようになりました。こうして、リバイバル・クエーカーは何千もの人々を回心させ、クエーカー教徒にしたのです。そのため、ガーニー派のインディアナ年会は9年間で50パーセントもの成長を遂げました。

これらの回心者には、クエーカー信仰に入る手ほどきが必要で、また彼らの霊的な旅を支えるための宣教が必要となりました。ところが、回心者たちは、彼らが魅了され、クエーカー信仰へと導かれたリバイバルの集会とはまったく異なる沈黙の礼拝を目にすることになりました。そのため、総会（General Meeting）が信仰生活を学ぶ手助けをするために設置され、この集会は後に献身集会（devotional meeting）に発展しました。また、信徒の状況に個々に対応するのではなく、信徒全体の指導を行う宣教者を援助するために牧会委員会（pastoral committee）が設けられましたが、これもすぐに謝儀付きの牧会者を立てることにつながりました。最初のクエーカーの牧師が働きを始めたのが１８７５年で、１９００年までには、アメリカのほとんどのガーニー派の年会が牧会制度を取り入れました。

もちろん、牧会制度に対して批判がなかったわけではありません。そのため、いくつかの年会はさらなる分裂へと至り、牧会制度に反対して分かれたグループは、ウィルバー派のクエーカーと協調できると感じ、一緒になって、保守派の伝統を形成するに至りました。

一方で、牧会制度の問題をめぐってガーニー派に残ったグループは、別の問題に直面することになりました。つまり、信徒のなかに水による洗礼を求める人たちが存在していたことです。外的なサクラメントがないことが、リバイバル・クエーカーと他のキリスト者との数少ない相違点のひとつだったのですが、上述のデイヴィッド・アップダグラフの導きのもと、水による洗礼を求める人々は、洗礼を授ける牧師を容認する道を探りました。アップダグラフの故郷であるオハイオでのみ、彼の立場は広い支持を得ることができました。ですが、１８７８年に（イギリスを含めた）すべてのガーニー派の年会が集まって作成した『リッチモンド宣言（Richmond Declaration of Faith）』では、クエーカーの洗礼とは外的なものでなく内的なものであるとする従来からの立場が改めて承認されました。この『宣言』は、ガーニー派のクエーカーの論争に解決を与えたのみならず、ガーニー派（福音派）の伝統におけるひとつの基準となりました。『リッチモンド宣言』は、それを作成するための議論に参加した多くの（ガーニー派の）年会によって採用され、今日でも多くの年会にとって、第一の「修養の書」となっています。

水による洗礼をめぐる分裂によって、リバイバル・クエーカーの勢力は弱まりました。１９０６年に（アズサ・ストリートでの）ペンテコステのリバイバルが起きた結果、リバイバル・クエーカーの間で異言に関する論争が生じましたが、それによって、彼らはさらに弱体化しました。この時点から、ルーファス・ジョーンズ（Rufus M. Jones, 1867-1948）の著作やキャンペーンによる支援を受けて、（リバイバル・クエーカーと対立していた）リニューアル／モダニストのクエーカーが福音派において主流派になったのです。１８７８年のリッチモンドでの会議に集まったアメリカの福音派の年会は、５年ごとに会議を開くようになり、１９０２年にはＦＹＭ（Five Year Meeting）を設立しました。そして、この会議が、近代主義者と原理主義的な見方をする人々の双方を包摂する、現在のＦＵＭ（Friends United Meeting）へと発展しました。

オハイオ年会は、ＦＹＭに加入することなく、20世紀にＦＹＭやＦＵＭから離脱した他の複数の年会と同盟を結び、現在これが、ＥＦＩ（Evangelical Friends International）という団体になっています。

ヒックス派は、正統派とは違って、教義上の問題で分裂に至ることはありませんでしたが、年会のあり方や規律をめぐっていくつかの小さな分裂が起きました。自分たちを「進歩主義者（Progressives）」と呼ぶクエーカーたちは、さらに多くの自由を求めて、また、奴隷制度や女性の人権に関する急進的な政治活動をするために、ヒックス派から離れ、事実上、会衆主義の教会のようになりました（Congregational Friends）。他のクエーカーは、ヒックス派の枠組みのなかでこうした活動を行っていました。たとえば、ルクリーシア・モット（Lucretia Mott, 1793-1880）は、奴隷制廃止のために倦《う》むことなく働き続け、ヒックス派の外部の人々とともに活動しました。彼女は、フィラデルフィア女性奴隷制反対協会（Philadelphia Female Anti-Slavery Society）の創設者のひとりで、この協会は多様な人種や宗派からなる組織でした。１８４０年に、彼女は世界奴隷制反対大会（World Anti-Slavery Convention）に出席するためにロンドンへと向かいましたが、女性であったため、参加が拒否されました。その経験から、彼女は他の女性（ほとんどはクエーカーでした）と一緒になって１８４８年に、女性の人権の拡充のためにセネカ・フォールズ会議（Seneca Falls Convention）を組織しました。モットはまた、非暴力平和主義、ネイティブ・アメリカンの人権の拡充、禁酒運動、そして、監獄改善運動の提唱者でもありました。彼女は、聖書を合理的に読むように、また、聖書の起源をよりよく理解するために学問的手法を用いるように呼びかけた多くのヒックス派のうちのひとりでした。こうした聖書に対する近代主義的態度は、１８７０年代からヒックス派のなかでは標準的なものとなっていました。20世紀になって、ヒックス派は、「自由主義者」と呼ぶ方が相応しい存在になりました。ガーニー派と同じく（しかしながら、彼らとは違った理由で、つまり、この世にもっと寛《くつろ》いだ態度で接するために）、自由主義のクエーカーは、クエーカー特有の生活様式のほとんどを捨て去りました。アメリカでは、自由主義の年会はＦＧＣ（Friends General Conference）と呼ばれる団体を創設し、その傘下に入っています。

2・5　20世紀のクエーカー

イギリスの福音派のクエーカーは、クエーカー特有の生活様式に修正を加えました。というのは、彼らは、そうした特異性が回心へ導く際の邪魔になっているのではないかと心配したからです。特に１８５０年代後半には会員数も１万４０００人ほどにまで減少しており、また、他の宗派のキリスト者が「普通の」服装をして「普通の」話し方をするのを見ても、そうしたことが回心の障害になっているように思えなかったからです。１８５０年以降、埋葬の際の墓石も許され、１８６０年には結婚に関する規則も変更されました（ただし、クエーカーがノン・クエーカーと結婚するときは、クエーカーの集会所で行わなければなりませんでした）。さらに、１８６１年には、質素な服装や言葉遣いも個々人の選択に任されるようになりました。しかしながら、こうしたこの世に対する自由な態度によって、イギリスの福音派クエーカーは結果的に終わりを迎えることになるのでした。若い世代のクエーカーは聖書学や高等批評に興味を抱くようになり、あっという間に、イギリスのガーニー派のクエーカーは自由主義的・近代主義的な人々に取って代わられることになりました。１８９５年に開催されたマンチェスター会議では福音派的な発言も自由主義的な発言もありましたが、この会議以降、自由主義的なあり方へとクエーカー信仰を見直す勢いが増していきました。イギリスでは、ジョン・ウィルヘルム・ラウントリー（John Wilhelm Rowntree, 1868-1905）が、自由主義的信仰の確立に指導的な役割を果たしました。１８９７年の休暇の際、ラウントリーは上述のルーファス・ジョーンズと出会うことになりますが、彼らは親友となり、協力関係を築くことになりました。彼らは、夏期学校を組織化し、クエーカーに関する新しい歴史書（Rowntree Historical Series）を作る計画を立てました。この歴史書によって、クエーカー運動が再活性化するようになり、神秘主義的なルーツを回復させることができると彼らは考えました。教育こそが、（自由主義的）近代主義的なクエーカーにとっての要でした。ラウントリーは

ラマッラー・クエーカー宣教学校（1937 年撮影）

１９０５年に亡くなりますが、その頃までにはすでに、イギリスのクエーカーが福音派から自由主義へ変化することは確実なものとなっており、今日イギリスで見られるような（自由主義的な）クエーカー信仰のあり方が定まっていました。[20]

19世紀後半における神学界の変化のなかでも、すべてのガーニー派の年会にとってますます重要なものとなったのが、宣教活動でした。イギリスでは、１８４０年代後半に成人学校運動（adult school movement）が始まり、国内伝道活動（home mission movement）がその後に続きました。成人学校の識字教育と並行する形で、一般大衆向けの献身のための集会が組織化されました。１８６０年以降のイギリスとアメリカのクエーカーによる海外への宣教活動は非常に順調に行われ、クエーカーはインドや中国へも宣教の足を伸ばしました。１９０２年には、アメリカの３人のクエーカーがモンバサに上陸し、モンバサとは反対側にあるケニアの地域で伝道所を設立しました。1914年まではたった50名ほどの回心者しかいませんでしたが、今日では世界のクエーカーの三分の一以上がケニアの人々となっています。1920年代に南アメリカへの宣教活動が開始され、その後、特にボリビアとペルーでかなり多くの人々がクエーカーになりました（第7章を参照）。

20世紀の自由主義・近代主義のクエーカーにとって、宣教活動はより社会正義に特化したものでした。1870年以降[21]、イギリスのクエーカーは完全な市民権を獲得し、40年間にわたって尊敬の念をもって見られ、堅い決意のもとに活動していました。数多くの者がジョン・ブライト（John Bright, 1811-89）の例に倣って議員になりました。前にも書きましたが、社会がクエーカー信仰に対して寛容になればなるほど、クエーカーの側も社会を受け入れるようになりました。ところが、1916年に徴兵制が導入されたことで、こうした良好な関係も変わってしまいました。再びクエーカーは、自分たちが政府に抗議し、法を破る人々とみなされていることに気がつきました。フレンズ救援隊（Friends Ambulance Unit）の設立によって、クエーカーは、徴兵とは別の代替業務に従事しましたが、145人のイギリスのクエーカーがいかなる種類の代替業務も拒否したことで投獄されました。

アメリカでは、ルーファス・ジョーンズがFYM（福音派の団体）に向けて近代主義的な提案をして、社会正義や平和活動において、ヒックス派とも手を組んで、活動をしていました。1917年には、多くの様々な年会からの資金援助を得て、アメリカ・フレンズ奉仕団（American

Friends Service Committee）が設立されましたが、この奉仕団は、第一次世界大戦の間、また、戦争終了後も、平和活動にたずさわり、配給活動を行いました。特にポーランド、ロシア、そしてオーストリアで、何千もの人々がクエーカーの奉仕活動によって助けられました。１９３０年代には、アパラチア山脈で飢えに苦しむ鉱夫たちに仕事と食事を提供する手助けをしました。一方、イギリスのクエーカーも、ウェールズのブリンマーやマエス・ワイ・ハーフの鉱夫を救援するプロジェクトを立ち上げました。また、クエーカーはスペイン内戦でも、配給活動や避難民を保護する活動を行いました。第二次世界大戦後には、彼らはドイツで広く活動を行い、ドイツの再建と配給活動のための奉仕をしました。１９４７年、二つの大戦でのクエーカーの活動が認められて、ノーベル平和賞がイギリスとアメリカのクエーカーたちに授与されました。

平和活動や社会正義のための活動を一緒になって行ったことで、それぞれ異なる伝統のクエーカーたちの対話が再開する道が開かれ、１９４５年、ニューイングランドのウィルバー派（保守派）の年会とガーニー派（福音派）の年会がひとつに統合されました。また、１９５５年には、三つの伝統に属するカナダの年会がひとつになり、１９６７年にも、ニューヨーク、フィラデルフィア、そして、ボルティモアで二つの年会が合併してひとつになりました。

20世紀のクエーカーは、その宣教活動と近代主義の伸張によって特徴づけられます。いくつかの福音派クエーカーの系統と自由主義クエーカーの系統は相互にまったく異なるものですが、第１章の冒頭で述べた共通点は依然として存在しています。つまり、神との直接的な出会いという感覚を持っていること、信仰生活や教会の業務において神からの導きに従うこと、すべての人が霊的に平等であること、平和と社会正義に関する証しという点です。次の章では、クエーカーの礼拝の性質についてもっと深く見ていきたいと思います。

第3章 礼拝

すでに述べたように、[22]クエーカーの礼拝について第一に理解すべきことは、彼らの礼拝はキリストの再臨の展開とその内的な到来をめぐる鋭い感覚に基づいて形成されているということです。しかしながら、その基本的な様式の点では、そうした終末理解を超えて、礼拝が守り続けられてきました。そして、その礼拝形式は、世界中のクエーカーを特徴づけるものとなっているのみならず、三つの伝統を結びつける要素のひとつでもあるのです。

3・1　クエーカーの礼拝の基本的要素

１６４７年にジョージ・フォックスが体験したこと、つまり、「汝の状態に語りかける方がおられる。その方の名はキリスト・イエスである」という言葉を聞いた彼の体験から、礼拝を構成する第一の要素は直接的な神からの啓示である、そして、それが信頼に値する権威の内実であるということになりました。宗教の外的形式、外的な儀礼や実践、これらはすべて今や過ぎ去った時代に属するものとなりました。エレミヤ書31章30―34節の言葉に従って、[23]クエーカーの働きを通して神は人類と新しい契約を結ぼうとされており、長らく待望されてきたキリストの再臨が内的に展開されていると、彼らは考えました。こうした再臨の体験は、特別な人々の集まりにだけ限定されるようなものではなく、すべての人々に開かれた経験であり、すべての人が選ばれし民となることができるものでした。

黙示録8章1節（「小羊が第七の封印を開いたとき、天は半時間ほど沈黙に包まれた」）の言葉に基づいて沈黙の礼拝を守り、その礼拝こそ正しい礼拝であると捉えていたシーカー運動から、クエーカーは「沈黙の典礼（liturgy of silence）」を受け継ぎました。この沈黙の礼拝において、空白の状態が神の臨在の感覚へと変わるのです。ゼファニヤ書やハバクク書は、他の聖書の箇所にもまして、沈黙の大切さを説いています。沈黙においてこそ神との出会いは最も経験され、神の言葉がよりよく聞かれるのだと、クエーカーは主張しました。沈黙は、神との交わりを媒介するものであり、神からの働きを経験するための手段でした。この神との交わりの経験によって権威を授けられるのですが、クエーカーは、神の働きを待つべきときに沈黙を用いるだけではなく、教会の業務に関する決定を（権威をもって）下す際にも用いました。このようにクエーカーは、彼らの教会生活の献身的な面から事務的な面に至るまで、すべての面で沈黙を用いました。この点に関しては、第5章で詳しく見ていきたいと思います。

クエーカーの礼拝では言葉を用いず、沈黙の内に待ち続けるが、そこには神の御言があふれていた。神の御言は、金槌のようであり、火のようであった。それはどんな両刃の刀よりも鋭く、私たちの内面に切り込んできた。また、神の御言は、とけるほど心地よく、私たちを涙に誘った。私たちのなかに涙を流さなかった者などいなかった。神の恵み深い御力は私たちの集会全体を覆い、神のみが私たちの集会の頭《かしら》であると言うことができるほどであった。（Kirk, 1878, p. 91）

これらのクエーカーが、サクラメントを捨て去ったというわけではありません。むしろクエーカーは、沈黙と神との内面的交わりという新しい見方からサクラメントを捉えていたのです。第1章で述べたことですが、ヨハネの黙示録3章20節は、内的な食卓に言及しています。また、第一コリントの11章26節にあるような、主が来られるときまで、主を記念してパンを割く主の食卓に焦点を当てる代わりに、フォックスは、（主と交わる）小羊の結婚の食卓について語りました。クエーカーは、霊による洗礼を信じており、それを裏づける聖書箇所はたくさん見出すことができます（たとえば、マルコによる福音1章8節）。

確信による変容を体験した者にとって、生活のすべての事柄がサクラメント的な意味を持つものでしたが、同時に初期クエーカーは、ともに集って礼拝することの必要性とその重要性についても強調しています。ジェームズ・ネイラーの事件以降（第2章参照）、ともに礼拝し共同の証しをすることは、神の導きが正しいものかどうかを精査するための信頼に値する方法となりました。

また、ともに礼拝することはサクラメント的な行為の効果と効力を高めることになると、クエーカーは考えていました。

天上と地上の主なる神は、私たちの近くにおられると感じた。全くの沈黙の内に主なる神を待ち続けるとき、そして、あらゆる事柄から私たちの心を遠ざけて待ち続けるとき、私たちの集会に神聖なる臨在が感じられ、被造物からの言葉や話し声はもはや何も聞こえなかった。天の御国が私たちを集め、網のなかに捉えるようにして私たちを引きつけられた。主の神聖なる力は何百という人々を一度に御国に導き入れられた。私たちは立つべき場所がどこか、そして、何を待つべきか分かるようになった。こうして主は私たちに日ごとに現れたまい、私たちはそれに驚き、喜び、そして感嘆した。そして、私たちは互いに心の底から喜びに満ちて、「人間のもとに到来する神の国はどんなものだろう？　主は、かつてそうされたように、人の子の間で幕屋を取り払われるのだろうか？　そして、どうなるのだろう？　イスラエルからの追放者とみなされる私たちも、他の人々に伝えられた主の栄光に与るのだろうか？」と語り合った。その日から、私たちの心は真実で燃えるような愛において、そして、主なる神との契約において彼に結びつけられ、また、相互に結びつけられた。それは私たちの霊に授けられた強い絆であり、それによって私たちはひとつになった。（*Quaker Faith and Practice*, 1995: 19.08）

クエーカーの礼拝では、言葉を語ることよりも沈黙に価値が置かれましたが、言葉による宣教（vocal ministry　神からの与えられた言葉を口に出して、集会で分かち合うこと）は礼拝でも認められた行為でした。[24]礼拝に参加した人は誰でも、何か集会で分かち合うものが授けられる可能性がありました。というのは、すべての人は霊的に平等であり、すべての人が祭司の役を果たすからです。したがって、礼拝としての集会は、沈黙に基づいたものでありながら、宣教の言葉で満たされたとしても、構いませんでした。たとえば、フォックスは1時間以上すらすらと説教を行うことができました。17世紀の礼拝は、3時間ほどにわたるものがほとんどで、ある集会では9時間も続けて行われたとの記録があります。

この本の最初の部分で述べましたが、「クエーカー」という名称はもともと、初期クエーカーが礼拝の間、神からの働きかけによって揺さぶられ震えていたということから、１６５０年にフォックスがダービーで裁判を受けている際にベネット判事がつけた蔑称に由来します。（クエーカーの考えでは）身体は霊的経験がなされ、啓示に与る場でした。つまり、キリストは身体の内に住まう方でした。礼拝では、特に女性の場合、しばしば神の啓示体験が身体的な形で現れることもありましたが、反クエーカー的な立場から書かれた文書では、クエーカーの女性の感情的な表現が攻撃の対象にされて、その啓示の表れは性的なものとして描写されたり、危険なものであると外部の者に思わせるように書かれたりしていました。クエーカーにとって、身体的な表現は神の御力によって動かされているということの証しのひとつで、それはキリスト教に背いて生きている人々を真の教会に導くためのものでした。

3・2　18世紀クエーカーの礼拝

終末意識が減退した1670年代までには、クエーカーは、初期の頃のようにキリストの再臨の展開について説くことはなくなりました。彼らは依然として神との直接的な交わりに導き入れられる体験をし、また「この世」のなか（in the world）で、そして「この世」に抗して（against the world）証しをするために、神との共働者としての働きをしていましたが、彼らはもはや礼拝を終末論的な枠組みで考えることはありませんでした。バークレーは、彼の『弁明』からキリスト再臨に関する部分を省略し、（バークレーを含めて）後のクエーカー神学者たちも、聖餐（交わり）に関する議論の内容を変化させました。彼らは、小羊の結婚の食卓について語るフォックスの例に従うことはなくなりましたが、第一コリント11章26節[25]の意味について、そして、聖餐の儀式がいかにこの制定の言葉から離れてしまっているかについて論じました。

クエーカー信仰においては、礼拝のあり方を変える可能性もありました。彼らの視点が、強烈な終末意識から中間期を生きるキリスト者のあり方へ変化することによって、クエーカーは、集会が信仰深く待ち続けるのを手助けする手段として、他の宗派のキリスト者のように歴史のなかで長らく用いられてきた習慣を採用することもできたはずです。彼らは、特定の聖職者を指名して、教会暦に従って生活し、より外的な典礼を行うこともできたはずです。ある点では、彼らは

ニューヨーク州、クエーカー・ストリート・ヴィレッジにある集会所（1807年に建設）

そうしました。つまり、18世紀からは「宣教の賜物（gift of ministry）」に与った人々が、それぞれの月会で宣教者として登録されました。17世紀後半から18世紀に建てられた集会所には、二段階の構造で相互に向き合ったベンチが備えられており、そこには長老が座り、その上に宣教者（Ministers）が座ることになっていました。こうした変化はありましたが、礼拝は相変わらず沈黙を基調とするものでした。沈黙は神との直接的な体験の媒介となるもので、クエーカー思想の基盤をなすものでした。現在、沈黙の礼拝が多少違ったように解釈されているとしても、神の啓示はクエーカーの霊性の主要な面であり続けています。

　キリストの再臨が進展しているという主張がなされなくなるにつれて、礼拝における身体的な現れも減少しました。第二世代、第三

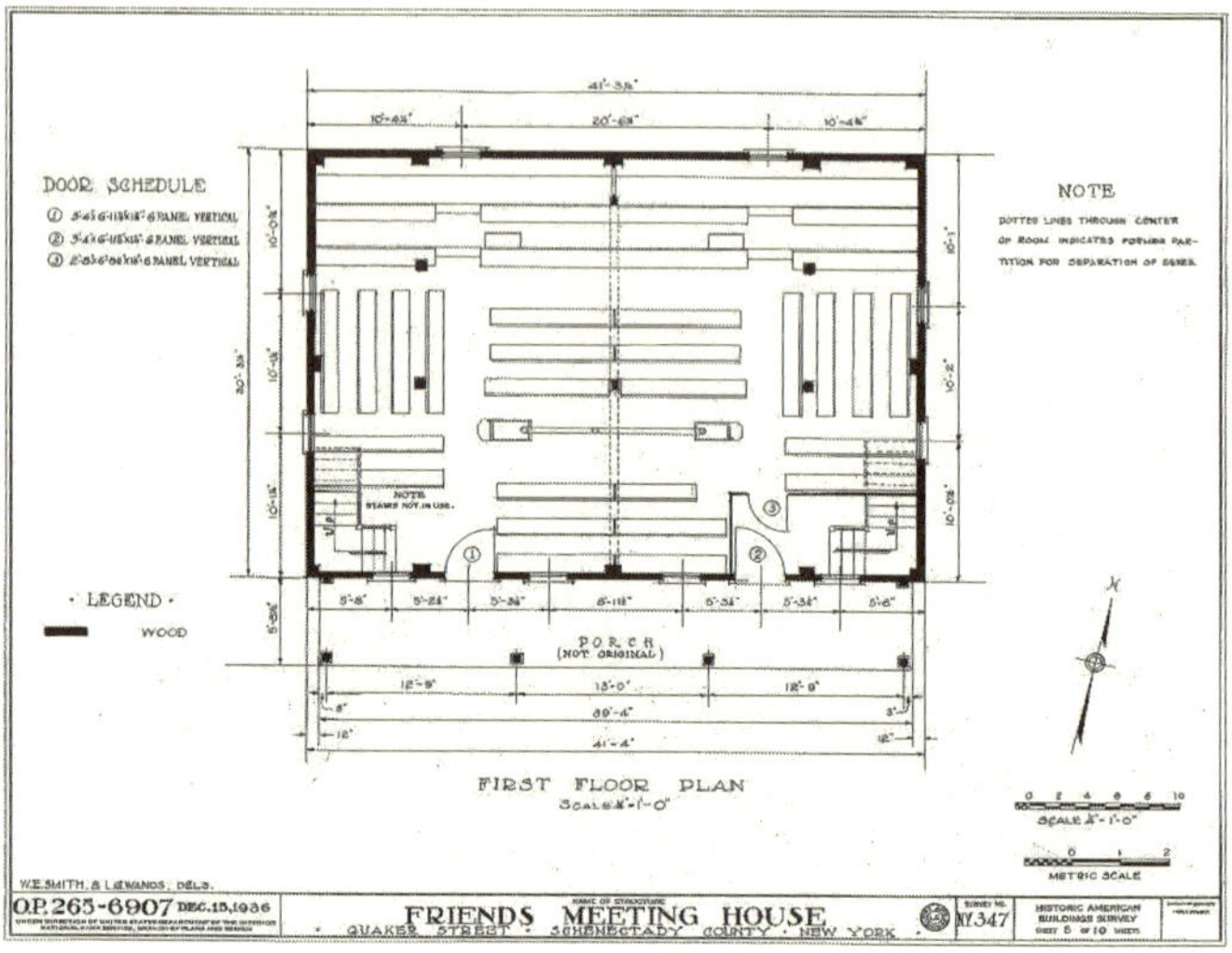

長椅子と中央の仕切りの配置が特徴的な集会所の内装図

世代のクエーカーは、第一世代が経験した忘我的状態を軽んじるようになり、聖徒とキリストの関係を語る際にフォックスが用いた（忘我的）表現のいくつかを修正しました。そして、この世に対するしるしを示すこともなくなり、しるしはクエーカー的ではないとさえ見られるようになりました。

18世紀には、静寂主義の核心である真面目さが、クエーカーの礼拝の関心の中心点になりました。クエーカーは、神に対して開かれて、神を意識する必要性を感じていましたが、この世に関しては用心深い態度を取っていました。「この世」というのは、たとえば、自分の感情の表出、想像力、人間の自発性や実業的な活動などです。１７８０年に、サラ・ライネス・グラブ（Sarah Lynes Grubb, 1773-1842）は次のように語っています。

私は、自分で正しいと思っていることに自己満足して、完全な自己放棄を怠ることで……肉や血が求めることではなく、身を低くし、自己を引き下げるよう望まれている神の御心に背き、神の怒りを買っているのではと恐れることがしばしばある。(Jones, 1921, p. 68)

沈黙は、このような霊的な態度に最もよく適合するものでした。つまり、真面目さは、結局のところいつもクエーカー思想の一部を構成するものだったのです（真面目に信仰生活を送ることで、クエーカーたちは、常に用心深くある必要も、不安に駆られる必要もなかったのです）。そうでありながらも、この頃の集会は時間がどんどん短くなっていき、体を震わせる人を見る機会も少なくなっていきました。集会によっては、礼拝中に寝る者もいて、そうした人々を起こす監視係が必要なこともありました。信仰深い人々を養わねばならないという不安から、完全な沈黙に終始するだけの礼拝を何度も守ることもありました。また、そうした不安は、立ち上がって感話を他の人々と共有すべきなのにそうせずに黙ったままになった場合、後で酷い感情に苛まれることにもつながりました。たとえばジョン・スタッブス（John Stubbs, 1618-75）は、神によって促されたとしても、立ち上がって話をすることはありませんでした。そのため、後になって神への忠実さが足りないと感じて、神の促しがないときに話をすることになったりしました。

そうしたことには以前から注意していたはずなのに、この前の汝の家でのときほど忠実さが欠けていたことはこれまでなかった。神からの働きかけによって言葉の泉が開いたにもかかわらず、私はそのとき話をすることをしなかったのだ。そこで、恐る恐る話をしたのだが、そのときにはもう命の扉は閉じられていた。そのため、私は自責の念に苦しむことになった。（Bauman, 1983, p. 131）

もちろん、不安は一種の統御の機構として働くこともありました。宣教の自由は、意図的にしろそうでないにしろ濫用されがちであったため、長老が礼拝について教え導き、礼拝を律するようになりました。また、18世紀のクエーカーは、人間の言葉と神から授けられた言葉を区別するために、鼻がかった、歌を歌うような調子の声で感話を行うようになりました。当時のクエーカーの礼拝に関するすべての事柄が「自然的ではなく（unnatural）」、また、「俗離れしていた（unworldly）」のです。とはいえ、こうした沈黙の礼拝と俗的な世界の語り方の明白な区別は、クエーカーたちが何について礼拝を行っているのかを思い起こす手立てだったのです。

このように、クエーカーは中間期を生きるための（他の宗派のような）典礼の儀式を用いることはありませんでしたが、彼らは中間期を信仰深く生きるための手助けとなる一種の典礼的なものを採用しました。独特な語り方や服装はまた、選ばれし少数者としての自分たちと俗的な世界との明確な区分を維持するのに役立ちました。このように彼らは、沈黙の礼拝の特徴とその変わらぬ様式を保持するものとして、独自の外的な形式を用いていたのです。

3・3　クエーカーの礼拝の多様性

クエーカーの礼拝は、1世紀ごとに半時間ずつ短くなっていきました[26]。また、言葉による宣教のあり方も、集会の強調点がどこにあるかに応じて変化していきました。ところが、19世紀には「内なる光」が福音派のリバイバルの影響を受けた人々によって疑問の対象となったため、大きな変化が起こることになりました。内なる光は単なる幻想であるとか、人間の想像に単に付随するものと考える人もいました（ビーコン派）。こうした批判は、同じく人間の想像に慎重な態度を取っていた熱心な静寂主義者のクエーカーたちのなかに反発心を生み出しました。

ヒックス派（後の自由主義）やウィルバー派（保守派）のクエーカーとは違って、ガーニー派（福音派）のクエーカーの信仰は、キリストの光を通して神によって与えられる直接の導きを第一のものとして考える立場から、聖書の権威こそが第一であるとの立場へと変わりました。たとえば、ジョセフ・ジョン・ガーニーにとって、内なる光は聖書を正しく読む導きとなるものにすぎず、それ自体としては権威を伴うようなものではなく、聖書より確実に重要というわけではありませんでした。ガーニー自身は、決して沈黙の礼拝のあり方を疑問視することはありませんでしたが（ただしイギリスの福音派のクエーカーは、完全に反対なしというわけではありませんでした）、沈黙の礼拝について疑義を呈することは、ビーコン派のような人々にとっては福音派の立場からの論理的帰結でした。１８３６年にマンチェスターのビーコン派が分派となったとき、彼らは教会堂を建て、他のプロテスタントの宗派のように賛美歌を歌ったり、説教を行う礼拝を守るようになりました。

アメリカでは、礼拝のあり方の変化は、特に分裂を伴うことなく緩やかに進行しました。前の章で述べたように、ガーニー派のクエーカーには、１８６０年代と７０年代を通して、超教派のホーリネス系の集会によって影響を受ける人々も存在していましたが、彼らはホーリネス集会を模範にして献身総会（devotional General Meeting）を始めました。たとえば、彼らの集会では音楽や祭壇からの招きが行われ、逝去した人々を思い出す哀悼者のための椅子やハンカチによる挨拶の機会などが設けられ、非常に感情的な説教や宣教がなされていました。その点で、彼らの集会は、これまでのクエーカー信仰よりも他の宗派のホーリネス系の集会に非常によく似ていました。

１８７５年の夏の終わり頃、メソジストの宣教者が、仕事上の興味から、リッチモンドのインディアナ年会の年に１回の集まりに参加することにした。14年前に出席した軍人の兄とは違って、彼は心の底から快適に感じた。献身集会（devotional meeting）は、よく知られた賛美歌から始まった。そして、説教者が参加者に証しを求めた。90分の間に、３００人近くの人々が証しの話をした。その後、祭壇への招きの言葉があった。そしてすぐに、回心と聖化を求める求道者が最前列に集まった。メソジストの訪問者にとって、こうしたことすべては見慣れた感じがするものであった。「この集会は、私が挙げることができるどんな集会よりも、私たちのナショナル・キャンプ・ミーティングの最もよいあり方のひとつに似ていた」。彼は、超教派のホーリネス運動の有名な冊子にそのように書き記した。リッチモンドの集会の様子は、１８７５年のガーニー派のクエーカーにとっては、特に珍しいものでも何でもなかった。彼らは、（クエーカーの歴史のなかで）前例のない道を歩み始めていたのだ。（Hamm, 1988, p. 74）

ホーリネス系のクエーカーにとっては、こうしたスタイルの礼拝は、初期クエーカーの感情的な福音宣教のあり方に十分な前例を見出すことができるものだったのです。

これらのホーリネス系のクエーカーは、これまでのクエーカーと同様に、中間期の信仰に関心を持っており、歴史のある時点における終末を待望していますが、現在においてそれを経験することはできないと考えていました。この点から見て、彼らは、別の意味で中間期に必要な典礼的な儀礼、つまり、信仰深く待ち続けるための違ったあり方を単に採用しているのだとも言えます。厳密に言えば、神との直接的な交わりが、ホーリネス系の献身集会の核心部であることは変わっていません。確かにそのことは、沈黙に終始する通常の集会よりも、ホーリネス系の信徒にとっては明白なことでした。回心と聖化は（ホーリネス系のクエーカーは、この二つを区別します）、変容体験のはっきりと分かる瞬間であり、何千もの人々によって体験されたものでした。クエー

オレゴン州、デッド・オックス・フラット
のフレンズ教会の人々（1939年撮影）

カーの信仰は再び、外的に震え、外的に表現されるようになったのです。やがて、これらの献身集会の付加的な要素が、通常の沈黙の集会に取って代わるようになりました。そうした急激な集会形態の変化を引き起こしたものは、クエーカーの集会に参加するようになった何千もの人々を教え導きたいとの願いでした。そのために牧会委員会が創設されましたが、それはすぐに個々の牧会者による牧会に変わりました。第2章で述べましたが、クエーカーの最初の牧師は1875年に認められ、アメリカのガーニー派の年会の多くが1900年までに牧師制度を導入しました。

牧師は司祭（priest）と異なるものでした。というのは、クエーカーの信仰ではすべての人が霊的に平等だからです。牧師はむしろ、礼拝の質を向上させ、礼拝を導く手助けをするために集会に仕える者のことでした。牧師のいる集会は、驚くほど速やかに、「プログラムのない」礼拝形態から「プログラムあり」の礼拝と呼ばれる形態へと変化しました。[27] 言い換えれば、後者の礼拝には、沈黙の内に待ち続けるのとはまったく異なるあらかじめ準備された賛美歌、説教、神への賛美の言葉、祈りなどの要素が加わったのです。沈黙の礼拝も、牧師がいる礼拝も、どちらもある意味では計画されたものと言えますが、後者の場合、牧師や牧師のグループは礼拝の内容や順番についても決定しなければなりません。そうは言っても、今日の多くのクエーカーの牧師は、礼拝の内容について霊の働きのもとに「識別(discernment)」していると語っており、もし神による導きが感じられた際には、それが礼拝中であったとしても、礼拝の順番を変更することもあるようです。

牧師を用いる伝統に属する新しい集会所は、これまでのクエーカーの集会所とは違ったふうになりました。正面がどちらかはっきりと分かるようになり（それは概して説教壇のことでした）、聖歌隊やオルガンのためのスペースが用意されました。したがって、彼らの集会所は、より大きな集会所になる必要がありました。その他のキリスト教との協力関係が増すにつれて、さらに、クエーカーの集会所は変化していき、いわゆる「教会」に見えるようになりました。なかには尖塔はないにしても、チャペル塔がついた集会所もありました。

3・4　牧会者のいるクエーカーの現在

牧会者のいるクエーカーは、ホーリネス系クエーカーの枠組みを超えて、現在は神学的により広い範囲にわたるようになりました。たとえば、近代主義クエーカー、ホーリネス系クエーカー、原理主義のクエーカーなどです。現在、牧会者のいるクエーカーは、アメリカ合衆国全体、中南米、東アフリカ、そしてアジアの一部にまで広がっています。宣教活動のおかげで、この新しい伝統は世界の様々な場所に拡大し続けています。これらの教会のなかには教会暦通りに信仰生活を送るところもあり、数は少ないですが、月に一度か年に二度ほど、外的な聖餐を執り行うところもあります。１８８０年代からは水による洗礼を授けるところも出てきました。

たいていのフレンズ教会は、特にアメリカの場合、依然としてクエーカー的な性質を維持しています。たとえば、プログラムされた礼拝の中核には沈黙があり、他の礼拝の要素は、神との内的な交わりに向けて礼拝者を準備させるためのものと見られています。沈黙は、ときに10分にも達しないことがあるほど短くなっていますが、依然として、それは礼拝の中心です。ホーリネス系の伝統が強いところでは、沈黙の時間は証しや祈りの言葉で満たされることもあり、内的な神との交わりの感覚は失われているか、間違って解釈されていることもあります。しかしながら、多くのフレンズ教会では、「開かれた礼拝（open worship）」の意図するところは明確です。この点で、中間期を生きるための他の主流派の礼拝方法を採用していたとしても、これらの教会は依然としてクエーカー的なのです。

あるフレンズ教会では、礼拝集会は75分ほど続き、礼拝の構成は、前奏、牧師による招きの言葉、賛美歌、歓迎の挨拶、告知、困窮にある人々への祈りや感話をする人への祈り（感話をする人が神の導きに与れるようにとの祈り）、聖書朗読（聖書の箇所を劇のように分かりやすく解釈して語ること）、献金の時間の音楽、コーラス（礼拝の司会者に導かれて繰り返し歌う賛美歌よりも少し気軽な合唱）、15分ほどの説教、長くても15分ほどのそれぞれの感話を分かち合う時間、後奏、終わりの言葉からなっています。礼拝のパターンは、週ごとに変わります。こうした教会には、教会付属の賛美歌隊やハンドベルのグループも存在しています。訪問者が感話を語ることもあり、たとえば、ペンテコステやクリスマスのように、何か特別なテーマが設定されるときもあります。セミ・プログラムの礼拝形式を取っている集会も存在します。彼らは、1時間ほどのプログラムされた礼拝を行った後、1時間ほどの沈黙の礼拝を守ります。

3・5　プログラムなしの礼拝とクエーカー

牧会者の導入をめぐる分裂から始まった保守派（第2章参照）と、自由主義クエーカーは、牧師やプログラムなしの礼拝を守り続けてきました。保守派の入門者用のリーフレットには次のように書かれています。

私たちは、主の到来を待ち望む沈黙の内に集まっています。私たちが主の御名において集まるとき、キリスト・イエスが必ず私たちとともにいてくださいます。ですので、私たちは自分の知恵とか知力によって礼拝をしたり、祈ったり、歌ったりはしません。ただ私たちの真の羊飼いである主がなされることに耳を傾けるだけです。礼拝の時間は主のもので、主がよいように取りはからわれます。私たちがすることは、主が私たちに与えられた礼拝、祈り、宣教の言葉、また賛美の歌によって応えることです。("Welcome to Our Meeting," Ohio Yearly Meeting (Conservative), n.d.)

集会所の椅子は全体が円形、もしくは正方形になるように配置されており、たいていの場合、集会所には何の飾りつけもありません。礼拝出席者は黙って集会所に入ってきて、好きな場所に座ります。礼拝は通常は1時間ほど続きます。こうした礼拝は、参加者の言葉によれば、沈黙へと「集会全体が集中していく(centring down)」というものです。礼拝のすべての時間が沈黙に終始することもありますし、ある者が立ち上がって、集会全体に向けて宣教の言葉を述べることもあります。一般的には、1時間の礼拝のなかで3~4人くらいの人が立ち上がって、3~4分ほどの言葉を述べます。礼拝は、2人いるうちのひとりの長老が隣り合う人たちと握手することで(そして、それに応じて、その他の信徒も隣り合う人たちと握手することで)終わりになります。この握手が、唯一のあらかじめ決められた外的な儀式的動作です。特に深みに達した集会については、神の霊によって「覆われた(covered)」とか、神の霊によって「集められた(gathered)」と言われます。こうした礼拝は、他の多くの宗派の礼拝と明らかに異なるクエーカーのあり方を変わらず示しています。集会所の席の配置は、クエーカーの根本的な見方を反映したものとなっています。

つまり、すべての人は等しく神との直接の交わりを持つ可能性があるという見解です。

3・6　プログラムなしの礼拝における宣教

プログラムのない、誰にでも宣教する機会が開かれている現在の礼拝の基盤にある経験は、1650年代の経験とはまったく異なるものとなっています。今日では、初期クエーカーの指導者たちが経験したような、苦痛に満ちた人生を変容させる体験に至る人はほんの少数に留まります。その結果、言葉による宣教の基盤にある経験も変化しました。19世紀と20世紀には、(18世紀の)静寂主義者の鼻がかった声は、声を出して話すことにもはや関心のなくなったクエーカーにとって無用のものとなりました。それに応じて、この頃から、人間の働き方が重要視されるようになりましたが、そこには宣教の力がどこから来るのかを誤解する危険性が常にありました。そこで、あるフレンズ教会では、信徒の話そうとする言葉がはたして宣教の力による言葉か、それとも単なるよい考えであるかを見分ける手助けとなるフローチャートが作られていたりします。そのチャートでは、次のようなことが尋ねられています。語る言葉が神からのものか、それとも自己からのものか、言葉が個人のためのものか、集会全体のためのものか、その言葉は外的に共有されるべきかどうか、そして、神から与えられた言葉が今すぐ外的に集会で共有される必要があるのかどうかなどです。これらの事項にすべて当てはまれば、それが感話として話すよう促されている裏づけとなるというのです。こうしたチャートは、新しく参加するようになった信徒が感話を行う際の手助けとなるために作られたものです。実際に宣教を行ったことのある多くのクエーカーは、自分自身で感話の適切さを判断し、そして、自分が何を言ったか覚えていないと言います。

宣教の言葉は、単なる普通の話とは異なります。礼拝や宣教の理論には特に制限がないために、集会のなかで期待されていることとして、礼拝での経験を守る助けとなる規範やルールが存在します。社会学的に言えば、典型的とされる「宣教の言葉」には七つの側面があります。つまり、(i)長さ、(ii)スタイル、(iii)瀕度、(iv)タイミング、(v)内容、(vi)テーマ、(vii)構成、の七つです。

(i)長さ

14の集会に関する調査では、宣教の時間(感話の総時間)の長さは、集会全体で7分から20分程度で、個々の感話の長さは、20秒から長くても10分くらいで、感話の70パーセントが3分以内のものです。宣教の時間が10分から15分におよぶときには、集会の秩序を保つために長老が公に制止することもあります。感話はおしゃべりではありません。というのは、宣教の言葉は理念的には神から与えられたものであり、長老は集会全体の成長となるように、言葉の神的な性質を推し量らなければならないものだからです(長老が集会を統括しているかと言えばそうではないこともあります。もし長老が集会を終えようとするときに、誰かが立ち上がり言葉を語るとすれば、その人の言葉には長老の権威よりも大きな権威があります）。

(ii) スタイル

すでに述べたことですが、クエーカーはかつて鼻がかった声で感話を語ることで、自分自身の言葉と神の言葉を区別しようとしました。今日のクエーカーは、そうした声で語ることはなく、自分自身の声を装うことはしませんが、それでも抑制した声で語ります。つまり、感情的な表現がなされることはまれです。

(iii) 頻度と(iv) タイミング

忠告が行われるのは礼拝集会1回にあたり一度ほどです。11もの感話が語られた混乱したある集会では（その集会では、ひとりの人物が4回も話をしました）、長老が介入しましたが、それは感話の長さやスタイルについてではなく、感話の内容が多岐にわたりすぎたからです。どのタイミングで忠告を行うのかもまた重要です。

感話を述べるのに正しいときであると確信できるまで待ちなさい。……心地よく進行していた集会が終わりに近づいたときに、余計な言葉を述べないように気をつけなさい。

（*Quaker Faith and Practice*, 1995: 2.55）

（v）内容、（vi）テーマ、（vii）構成

語る必要のない感話も存在します。たとえば、誰かに対する非難の言葉であったり、答えを求めるような問いであったり（何かの手配の手順についてなどの問いなど）、集会に関係もなく、重要でもない事柄などです。宣教の言葉は、集会の意義と感覚に適合したものである必要があります。よくあるパターンは、最初の感話のテーマに何かをつけ加えるような形で宣教の言葉が述べられることです。重要な語句が繰り返されたり、他の宣教の言葉や他の集会を参照して述べたりすることも珍しくありません。

また同様に、よく見られるのが特定の形式の宣教の言葉です。何かの物語とか逸話から始まり、それが神学的もしくは政治的に重要な洞察へとつながるというものです。これは評判のよいパターンで、逸話から始まる感話は、沈黙の状態から抜け出て、言葉の核心となる部分を十分に聞き取る姿勢に速やかに移行するのに役立つと語るクエーカーもいます。

これらの宣教のパターンのいくつかは、社会的な事象としての集会に関わるものであり、別のパターンは、この世的な習慣から集会を守ることに関係するものです。先に述べたことですが、「誰にでも開かれた自由な宣教（free ministry）」は、潜在的に危険をはらんでいます。というのは、礼拝の時間が何者かによって簡単に濫用されたり、台無しにされたりする可能性があるからです。とはいえ、実際にはそうしたことは極めてまれであり、集会が外的な面で非常に統一されているのは驚くべきことでしょう。

内面について言えば、クエーカーは、礼拝中に非常に様々なことを行っていることが研究から分かっています。それらが同時に行われることもしばしばです。クエーカーは、礼拝中に祈ったり、神を賛美したり、神との交わりや神からの導きを求めたり、考えたり、そして、眠ったりしています。ある研究によれば、自由主義クエーカーの三分の二は、礼拝中に自分たちがしていることを表す言葉として「考えている（thinking）」が一番適切であると答えています。20世紀の初め頃ですが、あるクエーカーが「私が考えるに」という言葉で感話を始めようとしたところ、長老によって制止されたという話もあります。というのは当時、「考える」というのは、礼拝中になすべきこととして適切な活動ではないと思われていたからです。礼拝の形態自体は初期の頃からほとんど変化していませんが、礼拝中に何が生じているのか、また、沈黙の内容・意義は何かということについての理解は、現在はまったく違ったものになっています。

新しく礼拝に参加した人は、静かに座って周りの人を観察することで、沈黙や宣教のルールについて学びます。初めて礼拝に出席した際、次に感話をしなければならないと思って心配する人がたまにいますが、まったくの新参者には、礼拝のすべての手順について教えて助けてあげることが理想です。礼拝には、必ず宣教の言葉を述べなければならないという強制的な雰囲気はありません。礼拝に参加するようになって3カ月ほど経っても、宣教の言葉を発する人はほとんどいません。感話を発するようになった人のほとんどは、最初の出席から1年から3年ほどの時間がかかっているようです。

3・7　クエーカーの業務集会

業務集会は、どの伝統においても似た形式で行われます。業務集会では礼拝と同じく、沈黙が神の御心を見分けるための方法として用いられます。業務集会では「書記（Clerk）」が指名されて、書記は業務にまつわる議題を集会に伝達する手助けをし、そして、決定された事柄を議事録に記録します。書記は集会に仕える身であって、書記の責任範囲は非常に明瞭に規定されています。書記の役割は、集会の信徒の持ち回りで数年ごとに交代します。書記は集会を指導することはしませんし、集会が始まるより先に、提起される問題に関する個人の意見を述べるべきではありません。書記は集会に対して、神の御心を見分けようとすることが礼拝の一部であるというクエーカーの教えを思い起こさせる役目を果たすために存在するのです。業務集会の規模が小さいときには特に、神の御心を見分けるという目的を忘れて、議論や会話に終始してしまうことがあります。そういったときは立ち上がって、書記に向かって何かしらのコメントを述べることが、他の信徒にクエーカーの教えを思い出させるためのひとつの方法として役立ちます。そうしたコメントは、大きな集会ではひとつの問題について1回ほど許され、もっと大きな集会では、書記が発言すべき人について判断し、指名するのを待つことになります。書記はまた、「集いの感覚（sense of the Meeting）」を反映した議事録をいつ書くのかについても判別します。議事

メリーランド州、イーストンの集会所の内部。かつて男女の業務集会を分けるために使われていた仕切りが残っているのが見える

録は、これから何をなすべきかに関するはっきりとした合意に達して初めて、作成することができます。そして、書記もしくは記録の務めを果たす書記（Recording Clerk）は、議事録の草稿を書き、集会のなかで、もしくは別の機会に、集会の参加者に対して草稿を読み上げます。議事録が集会によって承認されるまで、議事録の表現や言葉遣いに関してのみ、さらなる意見が出されます。議事録が最終的に認められれば、次の議題へ移ります。こうしたことが投票によって決められることはありません[28]。彼らの決定が神の御心に沿っていると強く確信できたことを示すしるしのひとつは、集会が一致しているという感覚です。もし彼らが十分に一致している状態にないならば、引き続き神の御心を見分ける試みがなされます。もし一致が見出せないときには、決定は別の機会に先送りされます。その決定はすべての人の合意の上でなさ

れるがゆえに、ゆっくりとしたプロセスで行われ、場合によっては保守的なものになる可能性もあります。一方で、業務集会のすべてのプロセスは、神の導きを待つ礼拝の類いのひとつと考えられているため、意外な意見や思い切った意見が突然受け入れられ、一致に至ることもあります。集会の参加者は、神の導きに従うように求められ、あらかじめ考えを準備して集会に来ることがないように求められます（しかし、心と精神は神に開かれるように準備をしてくることが求められます）。

礼拝集会では、我々は、静けさの内に我々に対する、また我々の集会に対する神の御心を知ろうとする。教会の業務のための集会もまた、沈黙の礼拝を行う集会であるため、もしともに心から耳を開き、また、お互いの言葉を聞き、あらかじめ考えてきた意見によって心が暗くされていないならば、神の導きを見分けることができると期待する。沈黙の内に待ち続けることによって神の御心が認識できるというのが我々の信念である。こうした沈黙の礼拝こそが、我々の決定プロセスのあり方と世俗の合意とを区別するのである。我々は、待ち続け、そして、聞き続けることによって神の御心を知ろうとする点で共通の目的を持っており、すべての生の活動が神の導きのもとにあるべきであると信じている。（*Quaker Faith and Practice*, 1995: 3.02）

集会に参加していなかった人たちには、決定のプロセスは神によって真に導かれたものだと信じることが求められます。

　こうしたプロセスは、すべての伝統におけるすべてのクエーカーの委員会や業務集会で行われていることです。同様のことはたとえば、次の新しい「書記」や「監督者（Overseer）」になる人を選んで、その人の名前を集会に提示する指名委員会（Nomination Committee）でも行われますし、また、正式な会員になりたいと申請した人について話し合う集会でも行われます。緊急事態に対処するための活動について話し合う集まりでさえも同様です。ここにクエーカーの絵はがきがあります。そこにはこう書いてあります。「私はクエーカーです。緊急事態が起きたときには、静かにして沈黙してください」。クエーカーについてよく理解しているユーモアです。クエーカーは自ずと神に耳を傾けようとし、多くの者が自ずと沈黙を通して神の御心を知ろうとします。沈黙は依然として奇妙な行動のように人の眼に映りますが、そうするのは、ロバート・バークレーの言葉によれば、沈黙は偽装することができないからです[29]。このように、沈黙はクエーカーの礼拝の決定的な特徴であり、今日「この世を受け入れるようになった」クエーカーのグループにおいてさえ、「俗的でないこと」の重要な表現なのです。この点については、第5章で再度見ていきます。

第4章　信仰

第1章で言及しましたが、クエーカー信仰の多様性を理解するための方法のひとつは、1647年のフォックスの変容体験に関する様々な解釈を見てみることです。つまり、フォックスが「ある方、すなわち、キリスト・イエスから語りかけられたという体験」、そのことがどのように解釈されてきたか、その多様なあり方から考えることです。クエーカー信仰にとって根本的な要素である神との直接の交わりに対して与えられた権威や意義の程度の差異が、歴史的に言っても、今日においても、様々なクエーカーのグループを区別するポイントになっています。

4・1 初期クエーカーの黙示的神学

初期クエーカー思想について研究する歴史学者が感じる不満のひとつは、トラクトなどで提示されるクエーカーの神学の内容が断片的なものにすぎず、矛盾しているところもあるということです。たとえば、「光（Light）」や「種子（Seed）」という用語も、箇所によって違った意味で用いられています。フォックスが優秀でカリスマ性を有した説教者であったことは確かですが、彼は組織神学者ではありませんでした。フォックスを含む初期クエーカーにとって、神学ではなく、彼らの信仰体験が一番重要なものだったのです。彼らの宣教活動も、何かしらの神学的表明に基づくものではなく、他の宗派のあり方への批判であったり、日々のなかに突如として入り込んでくる神の経験に内在する新しい可能性への訴えだったりしました。神学は、初期クエーカーのトラクトで暗示的に示されるにすぎませんでした。しかしながら、慎重な研究によって、繰り返し唱えられる七つのテーマがあることが分かっています。初期クエーカーにとって、キリストの内的で連続的な経験こそが次の七つの重要なテーマを生み出すものでした。

（1）この世における個人的救済、および万人救済の可能性（完全の教理も含まれる）。
（2）キリストの再臨の現在性とその進展、今ここで到来する神の国。
（3）他のキリスト教の背教性とクエーカーが真の教会であるとの主張。
（4）外的なサクラメントと聖職制度の終わり、神の臨在の感覚を高めるために沈黙を用いること。
（5）啓示に対する聖書の権威の第二義性と、啓示を確かにするものとしての聖書。
（6）簡素な服装や言葉といったものを用いたこの世における証しと宣教の必要性。
（7）（キリストの再臨をどれほど差し迫ったものと感じているかによりますが）政府（為政者）に（悔い改めや良心の自由などに関する）嘆願を出す必要性。

これらのテーマの詳細ははっきりと語られないことがほとんどでしたが、ある点で、これらのテーマは、他の宗派のキリスト者とは別の観点から論じられたものです。つまり、クエーカーは自分たち自身を、この世に対する神の計画を表す聖書の時間軸に沿って生きている者とみなしていました。しかし同時に、彼らは多くの批判者のことを考慮に入れて、非常に簡単な言葉を用いて新しい契約の現実性について説明しました。最初期の段階から、クエーカーは、キリストについてあまりに霊的に語ったために、歴史的イエスや福音書を軽んじているとして非難されました。ある意味で、こうした批判は、イエスの内的再臨という彼らの感覚の必然的な結果でもありました。キリストの再臨が、個人のレベルでも起きており、まもなく世界的なレベルでも起きるというこのときに、どうして最初の神の到来にこだわる必要があるのかということです。彼らのメッセージのすべては、聖書に対する言及によって立証されていましたが、それらは常に聖書の言葉をそのままなぞるというわけではなく、また、それぞれの者が同じような仕方で聖書の言葉を用いたわけでもありませんでした。

4・2 啓示と聖書

クエーカーの組織的な神学書を執筆する仕事を最初に担ったのは、1676年のロバート・バークレーと1679年のエリザベス・バサースト（Elizabeth Bathurst, 1655-85）でした。彼らのそれぞれの神学書、『弁明』と『真理の弁証（*Truth's Vindication*）』では、キリストとの直接の交わりこそが信仰の中心点であり、第一のものとされていました。そうした信仰理解から、クエーカーの神学や証しが導き出されていたのです。バークレーの神学書は大きな影響力を持ち、彼の死後にウィリアム・ペンによって全集が出版されました。バークレーは（初期クエーカーとは違って）キリストの再臨についてあまり語らず、高みに達することができない人々を考慮に入れて、完全の教理に修正を施しました。第2章および第3章で見たように、彼は、外的なサクラメントに関してこれまでとは違った議論をしました。第一コリント11章26節の言葉、つまり、主が来られるときまでパンを裂くという制定の言葉を過去のものとみなすのではなく、その言葉の解釈をめぐる議論を展開しました。バークレーは、（初期クエーカーのように）キリストの再臨理解（終末理解）のなかにクエーカーが主張する神との直接的交わりを位置づけるのではなく、（特別な民としてのクエーカーの性質を強調することで）中間期の神学（meantime theology）を作り上げましたが、それに伴って、バークレー神学では、死の問題を取り扱わなければならなくなりました。クエーカーは、それまで死後の世界に関する明確な神学を構築することはありませんでした。というのは、初期クエーカーは、この世において神の国がまもなく実現すると感じていたからです。バークレーは、従来からの万人救済の可能性に関する議論については維持しましたが、新しい契約への神からの招き（すなわち訪れの日）を拒否したり逃したりしてしまった結果、再生を経験することなく亡くなる人々の可能性について新たに論じることになりました。バークレーはまた、主の訪れの日を待ち続ける人々のための神学を作り出す必要がありました。

クエーカーのカテキズムを作成したのはフォックスとバークレーですが、一般的に、クエーカー信仰を学問的に解釈する試みをした数少ない人物と言えば、バークレーとバサーストです。18世紀の静寂主義者の著作家は、バークレーやバサーストに引き続いて神学を組織化することはなく、神の導きを見分ける信仰生活の経験について強調したり、生活指導の必要性や教会に関する懸念事項について力説するだけでした。19世紀になり、クエーカー信仰をクエーカー自身に対して、または、社会に対して表明することが必要になって初めて、福音派のクエーカーがこの種の著作、つまり、クエーカー信仰を再度組織化することを試みた著作を出版し始めました。そうした著作においては、静寂主義者による内面の強調は、当時聖書自体の（外的）権威に異論を唱えた人々の議論の論理的な帰結だと捉えられました。19世紀の初め、アメリカのクエーカーであるハンナ・バーナード（Hannah Barnard,1754?-1825）とアイルランドのアブラハム・シャクルトン（Abraham Shackleton, 1752-1818）は、聖書の権威を否定したことで福音派から破門されました。バーナードと彼女の追従者は、「ニューライト（New Lights）」と呼ばれました。彼らは、神とは何かということに関する自分自身の感覚と違っていると思った際には、聖書の正しさと正確さに異議を唱えたのでした。たとえば、シャクルトンとバーナードは、新約聖書の神は旧約聖書に見られるような戦闘的な感情をよしと思われるはずがないとして、聖書は誤りを含むものであると主張しました。新しく登場してきた福音派の流れにある人々は、理神論や合理主義を恐れ、それらに対抗するために、彼らの新しいクエーカー信仰を広めるのに非常に熱心でした。１８０１

年に『「クエーカー」と呼ばれる人々の、我々の主であり、救主イエス・キリストに対する信仰（*The Faith of People called Quakers in Our Lord and Saviour Jesus Christ*）』をすでに出版していたヘンリー・テューク（Henry Tuke, 1755-1814）は、１８０５年に『通例、「クエーカー」と呼ばれるキリスト者の集まりによって告白されている宗教原理（*Principles of Religion, as professed by the Society of Christians, usually called Quakers*）』を出版しました。後者の本は第12版まで増刷され、19世紀半ばまでには、この本を置いていないクエーカーの家庭は存在しないと言われるほどでした。この書は、キリストの第一の到来と彼の贖罪の犠牲に特に焦点を当てた神学書でした。しかし、熱狂的な静寂主義者は、注入された義という考えに異議を唱え、内なるキリストの誕生による変容体験こそが信じるべきものであると主張しました。１８０６年、フィラデルフィアとボルティモアの年会は、イエスの神性と聖書の無謬性に対して疑問を呈することは破門に値する罪であるとの決定を下しました。第２章で見たように、当時はクエーカー信仰の流れがちょうど変わりつつあった時期で、こうした変化は派内で神学的な議論を呼び起こすことになりました。それ以来、この議論は現在でも続いています。

議論の主な問題点は、内なる体験をどのように解釈するのかということと、聖書の権威と比してそうした体験にどの程度の権威が与えられるべきか、ということでした。クエーカーの霊性を中間期を待ち続ける態度として理解することなど、その他の教義的な問題については、すべて共通理解として共有されていました（論争を引き起こしたそれぞれの側の内部でも、特別な民としてのあり方などをめぐって議論が生じていました）。静寂主義者にとって、内面的に神に向き合う仕方とその結果として生じる知識こそが唯一の正当な霊的基盤でした。ガーニーのような福音派にとって、内なる光は聖書を正しく読むことを可能にさせるものですが、それ自体は権威を持たないものでした。第2章で見たように、内なる光の性質とその権威性に関する論争が（ヒックス派と正統派の）大分裂に至った神学的理由であり、そして、それが後のウィルバー派（保守派）とガーニー派（福音派）の分裂にもつながったのです。

いったん分裂してしまうと、それぞれのクエーカーのグループは遠慮なく自分たち独自の神学を発展させることが可能となりました。ガーニー派は、内なる光の働きよりも聖書の重要性を強調しました。彼らのなかには、内なる光は妄想とみなす者もいました。ウィルバー派は、内なるキリストの経験と聖書の主張のバランスを取りました。ヒックス派は、内なる光の経験と、その経験に至る手段としての沈黙を根本的なものとして強調しました。こうして、内なる光と聖書をめぐる論争がそれぞれ、福音派、保守派、そして、今日の自由主義クエーカーの信仰の出発点になったのです。

4・3 福音派クエーカーの信仰

第2章で、ガーニー派のクエーカーがリニューアル・クエーカーとリバイバル・クエーカーという二つの傾向に区分できたことはすでに見たことと思います。彼らは、御国の到来についてそれぞれ違った見解を持っており、彼らの周りの世界に対しても違った態度を示しました。彼らはまた、クエーカー信仰が特別な証しとしてどれほど重要であるかという点についても違った見方をしていました。しかしながら、彼らの神学はおおむね一致していたため、そうした相違が分裂につながることはありませんでした。そうは言っても、福音派クエーカー内部に緊張関係をもたらしたことは確かです。また、福音主義のクエーカー信仰は20世紀初頭の根本主義者の運動に影響を受けましたが、ホーリネス系クエーカーと近代主義クエーカーは現在でも、どちらも福音派クエーカーの伝統のなかに対立しつつ共存しています。今日私たちは、福音派クエーカーとして、独立系の福音派の年会、ＦＵＭ（Friends United Meeting）の傘下にあるグループ、そして、ＥＦＩ（Evangelical Friends International）の傘下にあるグループを見ることができます。一般化することは難しいのですが、ＦＵＭは主に近代主義者と根本主義者のグループを含む傾向があり、ＥＦＩにはホーリネス系クエーカーと根本主義者のグループが加入しており、外的なサクラメントを支持するクエーカーはＥＦＩに属することが多くなっています。福音派のフレンズ教会が共同体としての教会の性質を持つその程度、もしくはクエーカーとしての特殊性を保持している程度に応じて、彼らの神学の提示の仕方が変わるのみならず、新しい考えに開かれる仕方も定められます。

初期クエーカーは、はっきりとした三位一体論の教理を主張することはありませんでしたが[30]、１８８７年のガーニー派の『リッチモンド宣言』では、次のような言葉から始まっています。

我々はひとりの聖なる（イザ6章3節、57章15節）、全能で（創17章1節）、深い知恵の（ロマ11章33節、16章27節）、とこしえの（詩93章1―2節）、父なる神で（マタ11章25―27節）、創造主であり（創1章1節）、すべての保護者（ヨブ7章20節）である方を信じる。また、イエス・キリストを信じる。彼は父なる神の子で、我々の主なる方で、彼によってすべてのものは創造され（ヨハ1章3節）、彼によってすべてのものは支えられていることを信じる。さらに我々は、父のもとから来られ、神の子から送られる唯一の聖霊なる方を信じる（ヨハ15章26節、16章7節）。それは世の誤りを明らかにされ（ヨハ16章8節）、キリストについて証しされ（ヨハ15章26節）、すべてのことを教えられ（ヨハ14章26節）、真理の導き手であり（ヨハ16章13節）、神の民を聖なる者とされる（二テサ2章13節）ものであることを信じる。そして、これら三つが、永遠の神においてひとつである（マタ28章19節、ヨハ10章30節、17章21節）ことを信じる。神に栄光と誉れと感謝が今もこれからも永遠にあれ。アーメン。（*Faith and Practice of Evangelical Friends Church Southwest*, 2001, p. 27）

ボリビアの福音派の年会から送られた信仰声明では、次の点が強調されています。すなわち、神は三位一体の神である、キリストは神である、聖書は神の霊感によって書かれたものである、人間は罪深い存在である、キリストは和解のための犠牲として自らの血を流された、宣教は現代の教会の主要な目的である、そして、キリストは再度到来され、死者は復活し、信仰深い者が神の最後の審判の日に救われる、という点です。これらの言葉は、他のプロテスタント教会のそれとほとんど変わらないように思えるかもしれません。しかし、聖職者、内的なサクラメント、そして、礼拝の性質という重要な点での理解に大きな相違が存在します。また、教会制度の構成についても相違があります。これらすべての解釈の相違は、１６４７年のフォックスの根本的な体験に辿ることができますが、ここではそうした体験が、神の性質、神性、キリストの役割に関するプロテスタント的理解のなかで解釈されているのです。

ノースウェストのフレンズ教会の年会は、以下の教義を本質的なキリスト教の真理として支持する。つまり、神の主権性、イエス・キリストの神性と人性、イエス・キリストの贖罪によって人類が神と和解されたこと、イエスの復活、イエスの復活によるすべての真の信徒の復活の保証、信仰者の聖霊の賜物、聖書の権威が真理であると信じる。

我らの年会は、また、フレンドの伝統的な主張についても支持する。つまり、神との内的な交わり、儀式を伴わない聖餐（交わり）、宣教と奉仕に対する個々人の責任、平和と正義の希求である。加えて、我らの年会は、道徳、人間関係、キリスト者としての献身のような現世的な事柄に関しても言及を行う。我々フレンドは、正当なキリスト教信仰は、内面的な信仰と外面的な信仰の表明につながると主張する。（*Faith and Practice: A Book of Christian Discipline, Northwest Yearly Meeting of Friends Church*, 2003, p. 5）

キリストは、彼の血によって救済の可能性を人間に与えたもうたことから、福音派クエーカーの思考にとって中心となるものです。

我々は信じる。我々を神と和解させるために、イエス・キリストが十字架上で死に、我々と我々の罪のために血を流され、死から復活されたことを。人は、救いに値するほど十分に善であるからではなく、イエス・キリストを主なる方、救主として信じることを通して恩寵によって救いに与る。キリストを受け入れる人々に対して、神は罪を赦し、永遠の生命を与え、最終的に身体を復活させられ、彼らは新しい天と新しい地において永遠に生きることになる。もしイエス・キリスト、彼から与えられる救いと罪の赦しを拒否するならば、その者は地獄において永遠の死という罰を受けることになる。救いをもたらす信仰は、神の御心に従って生きる生活によって明らかにされ、神が我々がなすように備えられたよき業をなすことにつながる。(Mylander, 2004, p. 9)

キリストは再び来られるとされていますが、福音派のクエーカーの一部にとって、この到来は外的なものです。

我々は、我々の主イエス・キリストの再臨、そして、聖書で預言された終末のすべての出来事が起きることを信じる。我々は、聖書でははっきりとしない終末論に関する問題をめぐって信徒の交わりが分裂することをよしとしない。我々は、救いに与った者と失われた者の復活を信じる。我々は、最後の審判においてキリストの御前に立ち、その働きに応じた報いを受け取ることを信じる。小羊の生命の本に名前が書かれた人々は、新しい天と新しい地において永遠の報いを受け継ぎ、利己心、罪、悪魔からの力や支配、そして、悪から永遠に自由になる。最後まで悔い改めることのない悪しき者は、悪魔と彼の手下のために準備された地獄の苦しみを受けることになる。そのとき、キリストは回復された世界を支配され、父なる神の栄光が完全に示される。（Maylander, 2004, p. 11）

福音派以外の人々にとって、こうした類いの文章は、直解主義的もしくは正統的すぎるように思われるため、エレミヤ書31章31―34節にある内的な契約の方が重要とされています。

福音派クエーカーは非常に広い様々な形の信仰を含みますが、それは、（世界中への）広大な地理的拡散の結果でもあり、それぞれの教会が成長してきた場所の文化的・神学的影響の結果でもあります。それはまた、それぞれの集会や教会がどの程度クエーカー的な特徴を保持しようとしたか、また、どれほど主流派のキリスト教的な考えを取り入れたかにも関係します。このように分散化したクエーカー信仰によって、福音派の信仰は、解釈の幅が非常に豊かになっています。

4・4　保守派クエーカーの信仰

保守派クエーカーは、牧会制度の導入に反対して分裂したウィルバー派と、1904年に『修養の書（*Book of Discipline*）』[31]の導入をめぐって分かれたノースカロライナのフレンドたちから構成されています。このように保守派の伝統は、神学的・教会制度的な面で保守的な立場に立つ人々の連合体ですが、歴史的に見れば、そこには、ガーニー派の信仰の教義化に賛成した人々と、それに反対した人々が混じり合っています。今日の保守派クエーカーは、クエーカーの信仰と実践を保持しようとし、プログラムのないキリスト中心の礼拝を行う伝統を維持しようとするグループと見るのが一番でしょう。

保守派クエーカーの伝統では、キリスト教信仰がそうであるように、神の存在は当然のこととして想定されています。その詳細の説明については、それぞれの信徒に任されています。『修養の書』には、1671年にフォックスがバルバドスの総督に宛てた手紙がノースカロライナ年会（保守派）によって引用されています。

……我々は次のことを主張し、そして信じる。罪を知らず、悪も見出せない彼（キリスト）が、罪のための犠牲とされたこと、エルサレムの門の外で我々のために肉において十字架にかけられたこと、葬られ、我々の義のために父なる神の御力によって三日目に復活されたことを信じる。そしてまた、天に昇られ、神の右に座したまうことを信じる。……彼はすでに来られ、彼が真実の方であられるという理解を我々に与えたもうた。彼は、愛と生命の法によって我々の内において支配しておられ、罪と死の法から我々を解放されたのである。我々は唯一彼を通して生命を得ることができる。というのは、彼は生命を与える霊であり、第二のアダムであり、天から来られた主であるから。彼の血によって我々は清められ、我々の良心も死せる業から洗い流され、生きた神へと仕えるようになる……

我々は次のように宣言する。我々の集会の家族である人々とともに祈り、彼らのために祈り、彼らを教え導き、彼らを励ますことは、我々に課された義務であると考える。最後の審判の日には、これらの人々についての説明を、生ける者と死ねる者を裁きたまう方から求められることになる。そのとき、すべての者は、よき行いであろうと悪しき行いであろうと、肉において行った事柄に応じて報いを受けることになる。その日には、我々はよき者、悪しき者の復活、正しい者、正しくない者の復活について次のように言うことになる。「主なるイエスが、天から力強い天使を率いて現れ、剣のような火によって、神を認めず我々の主イエス・キリストの福音に従わない者を罰せられる。そうした者は、主の臨在と彼の御力から切り離され、永遠の破滅という罰を受けることになる。その日、主は御自分の聖なる者たちの間で崇められ、また、すべて信じる者たちの間で褒め称えられる（二テサ1章7—10節、二ペト3章3節）。」（*Faith and Practice: Book of the North Carolina Yearly Meeting*

(Conservative) of the Religious Society of Friends, 1983, pp. 9-11)

こうした言葉は、主流派のキリスト教会の考えのように見えますが、「彼はすでに来られ、彼が真実の方であられるという理解を我々に与えたもうた。彼は、愛と生命の法によって我々の内において支配しておられ、罪と死の法から我々を解放されたのである」という文章は、現在的終末論（realizing eschatology）を示しています。他方で、手紙の後半の文章では人間の罪深き性質について強調されており、義認と聖化を待ち望むこと、そして、最終的には最後の審判の日を待ち望むことが語られています。この点では究極的には、現在的終末論ではなく（終末を待ち望む）中間期の信仰経験を示しています。とはいえ、保守派クエーカーは自由主義クエーカーと同様に、教義について詳説することはありません（第5章を参照）。

内なる光（Inner Light）、もしくはキリストの光（Light of Christ）の経験こそが、フレンドの生の中心であり、我々の証しのすべての究極的な源である。内なる光は、フレンドがすべての人の内にある神性（that of God）と呼ぶものであり、その神性は他の解釈など必要なしに直接的に知ることができると信じる。内なる光は、良心に対して光と明瞭さを与え、その霊の導きに従おうという内なる衝動を生み出す。この霊の働きは神の愛であり、すべての人々に植えつけられており、良心の矛盾した面を克服し、我々の生に対する神の御心に関する力強い確信へと我々を導く。

　内なる光は、神についての我々の経験であり、神と我々のつながりでもある。フレンドによればこの経験には、神の性質についての確信と、すべての人々と我々の関係に対する神の要求についての確信が含まれ、この一連の確信が人の内なる生と外的な振る舞いの態度において形となるとき、それは「真理」と呼ばれる。この真理は、律法の文字ではなく、聖霊の導きに従うあり方のことである。……

　……フレンドは、礼拝と日々の生活における宗教は内なる光によって導かれるものと考える。このように、彼らは教義や信条的な定式を用いることがない。クエーカー信仰は、神学的な世界観というよりも、内なるビジョンと外的な生活態度であるがゆえに、叙述はできても、定義できるようなものではない。しかしながら、フレンドは教会全体に自分たちの経験を説明し、彼らに与えられた光の働きと矛盾のない形でこうした説明責任を果たす必要がときにあることだろう。（*Faith and Practice: Book of Discipline of the North Carolina Yearly Meeting (Conservative) of the Religious Society of Friends*, 1983, p. 6, 9）

　この文章に見られるのは、変容体験の強調であり、相互に対する説明責任の強調です。Inner Light（内なる光）という表現は、20世紀になってクエーカーの用語になったもので、現在では、伝統的な Inward Light（内なる光）という語よりも広く用いられています。

4・5　自由主義クエーカーの信仰

自由主義クエーカーは、その合理的な基礎と物の見方において近代主義者ですが、彼らは、福音派の伝統にあるリニューアル・フレンズから影響を受けて、また、19世紀におけるヒックス派が独自に発展したことで、1905年頃まではイギリスの信仰における支配的な存在となりました。第2章で述べましたが、自由主義クエーカー信仰を生み出した重要人物は、ルーファス・ジョーンズ[32]（彼自身はとりわけ、クエーカーの詩人ジョン・グリーンリーフ・ホイッティア（John Greenleaf Whittier, 1807-92）に影響を受けています）と、ジョン・ウィルヘルム・ラウントリーです。自由主義クエーカー信仰は、18世紀の静寂主義と19世紀の福音派クエーカー信仰に対する明らかな反対運動として始まりました。自由主義クエーカー信仰は、次の四つの考えによって構成されています。

（1）聖書ではなく、体験こそが第一のものであるべきである。
（2）そうした信仰こそが、この時代に適切である。
（3）クエーカーは、新しい考えに開かれる必要がある。
（4）それぞれの時代に応じて、クエーカーは神の性質とその御心を知ることになる。これは、「進歩主義（progressivism）」と呼ばれる教理である。そうしたことから、神からの啓示は、新しいものほど権威がある。

これらの自由主義クエーカーたちは、神との直接的出会いの体験に根ざす特別なクエーカー信仰を保持しようと欲したのでした（静寂主義者のような特異性ではなく）。彼らにとってキリスト教とは、言葉によって規定されるものではなく、受け入れるものでした。イギリスの1921年の『修養の書』では、「キリスト教の教理」の項目が、「フレンドの霊的実体験」というタイトルの項目に置き換わりました。こうした自由主義クエーカーの神学的アプローチについては次の章で論じることにしますが、『修養の書』の内容が変わったことは、自由主義クエーカーの思想が、それまでの特定の聖書理解に支えられた神学から、純粋な体験主義へと変化していったことを象徴しています。また、上に挙げた四つの考えが意味することは、神学的に言って、自由主義クエーカー思想がどのような文書にも、どんな伝統にもつながっていなかったというこ

クエーカーの詩人ジョン・グリーンリーフ・ホイッティア（1807-92年）

とです[33]。そして、そのことが暗に示すのは、この時期のホイッグ的な楽観主義と、未来とは進歩のことであるという感覚とが彼らの考えの根底にあるということです。１９３１年のロンドン年会は、どんなところから来たものであろうとも（つまり、キリスト教から来たものでなかろうと）、新しい光に対して開かれた態度を取るよう信徒たちに奨励しています。そのため、クエーカー信仰がキリスト教であるべきかどうかという問題が、大西洋の両岸で、続く10年間の間に盛んに論じ合われました。

１９６０年代までには、信仰の雰囲気のなかで育った人よりもクエーカーに転向して集会に加わる人が多くなってきたことがおそらくの要因となって、ノン・クリスチャンのクエーカーというあり方が自由主義クエーカーの伝統の一部となってきました。二つの大戦、ホロコースト、原爆による爆撃、朝鮮半島や東南アジアでの戦争があったことで（もちろん望ましいことではないのですが）、クエーカーは戦争に対する反対の証しを示し、また、反体制の文化を持っていると公に認められるようになりました。自由主義クエーカーの伝統では経験が強調されるため、きっちりとした形の信仰を持たない人々や、はっきりとしたノン・クリスチャンの考えを持つ人々も受け入れられました。つまり、経験の強調という証しによって、そうした人々が自由主義クエーカー思想に自らの居場所を見つけたということです。

現代の自由主義クエーカー思想は、様々な信仰体系に対して極めて寛大な態度を取っています。たとえば、自由主義クエーカーの年会には、ムスリム・クエーカー、ヒンドゥー・クエーカー、仏教徒クエーカー、さらには人格神を認めないクエーカーも存在します。

最近の調査によれば、イギリスのクエーカーの72パーセント以上が神を信じると答えていますが、24パーセントのクエーカーが「神に確信を持てない」と答えています。他方で、単に「はい」か「いいえ」で答える調査によれば、先の調査で神に確信が持てないと答えた人々も、神の存在を信じると答えていますが、その「神」が何を意味するかについては、極めて多様になっています。経験の強調が、解釈の多様性を生み出しているのです。聖書はあまり用いられることがなく、多くのイギリスのクエーカーは、聖書については彼らの霊性を構成するオプションのひとつにすぎないと考えています。また、こうした聖書に対する態度に応じて、イエス（キリスト）に関する立場も非常に多様なものとなっています。イエスは、自分たちの霊的生活にとって重要な人物かどうかという質問に対しては、39パーセントのイギリスのクエーカーが「重要である」と答えました。32パーセントのクエーカーは「そう思うときもあるし、思わないときもある」と答えました。同じ調査で、イエスは、「霊的な教師」と捉えるのが一番と考える人々が、70パーセント近くもいました。イエスを「キリスト、神の御子」と考える人は、「はい」か「いいえ」で答える調査では、13パーセントほどでした。

こうした数値から、福音派の伝統に属するクエーカーやすでに引用してきた福音派の文章と比較すると、自由主義クエーカーは彼らとはまったく対照的だと分かります。キリスト教はもはや自由主義クエーカー思想にとっては単なるオプションにすぎず、したがって、キリストの再臨について言及されることは非常にまれです。多くの自由主義クエーカーの考えでは、最初のキリストの到来は存在せず、ましてや再臨の約束などありえないわけです。また、罪や救済の概念について言及されることもめったにありません。イギリスの『修練の書』のなかで、罪と救済についてまれながら言及されていますが、そこには次のように書かれています。

実を言えば、私の人生は今よりもよいものかもしれないことを認める。私は失敗した感覚に苛まれていて、私の外部にある何かに、もしくは誰かに助けてもらうことが必要だと感じる。この感覚と何かが必要だという感情が、「罪の感覚」とか「救済の必要性」ということの意味だと私には思われる。（*Quaker Faith and Practice*, 1995: 26.10）

Inward Light（内なる光）の代わりに、Inner Light（内なる光）という言葉が用いられるようになったため、自由主義クエーカーのなかには、すべての人に内在する神性という観念、そして「原罪（original sin）」の代わりに、（マシュー・フォックスが用いて以降）「原初の恵み（original blessings）」という概念を採用する人もいました。Light（光）という用語は広く使われましたが、その解釈は人それぞれでした。初期クエーカーの頃にも、Light という言葉が様々な意味で用いられたことから、自由主義クエーカーは、教義的に「光」の意味内容を定義する必要を感じないのです。

内なる光は、フレンドにとって根源的で直接的な経験である。それは、私たちの日常生活においてそれぞれを導き、信仰共同体へと集わせる。最も重要なこととして、光は、私たちの神との直接の、媒介のない経験である。（*Faith and Practice: A Book of Christian Discipline, Philadelphia Yearly Meeting of the Religious Society of Friends*, 2002, p. 16）

光は、人間の内面において働くものであるため、（外的要素のない）プログラムなしの礼拝に引き続き重きが置かれています。しかしながら、自由主義クエーカーは、礼拝の神学的性質、もしくはその特徴を集会全体の総意として具体的に説明する必要を感じていません。ノース・パシフィック年会が出した次の文章は、こうした点を明らかにするよい例になっています。

何年にもわたって盛んに論じられる信仰に関する重要な争点のひとつは、クエーカー信仰とキリスト教との関係である。クエーカー運動をプロテスタントの流れのひとつとして理解しようと、もしくはプロテスタントとカトリックとは別の第三の勢力として理解しようと、いずれにせよクエーカー運動は、その起源やそれぞれ発展していったどの伝統においても、キリスト教に起源を持つものである。しかしながらクエーカー運動は、その始まりから、一般的に認められてきた多くのキリスト教のあり方を批判し、そしてまた、キリスト教以外の信仰を持つ人々に共感を抱いてきた。クエーカーのなかには、イエス・キリストの福音を特に重視する者もいれば、すべての人を照らす神聖な光を強調する普遍的な考えをより魅力的と感じる者もいる。宗教運動としての我々クエーカーの歴史から得た教訓のひとつは、これらの二つの見解のどちらかに過度にこだわり、その両方の見解の本質的なつながりを見落としたために、不必要にも分裂を引き起こし、クエーカーのビジョンが持つ最高の活力から遠ざかってきたということだ。

私たちの年会の関心は、信徒がクエーカーの信仰について特定の言葉で規定したものを支持することにあるのではなく、信仰が生活のなかで生き生きとした変容をもたらす力にある。マタイ7章21節にあるイエスが語られた言葉、つまり、「わたしに向かって、『主よ、主よ』と言う者が皆、天の国に入るわけではない。わたしの天の父の御心を行う者だけが入るのである」という言葉を受けて、私たちは、神の名前を呼ぶことに重きを置くことはしない。その代わりに、私たちは、ジョン・ウールマンの言葉にあるように、相互に「私たちの心に対して内面的に働く純粋な聖霊の言葉を見分ける」よう励まし合うのである。こうした霊的な道を辿ることで、そうできない人々もいるが、多くのクエーカーがよく知られたキリスト教の概念や言葉の深奥にある意味を知るようになるのである。(*Faith and Practice, North Pacific Yearly Meeting*, 1993, p. 12)

神との直接の出会いの経験が中心点であることは変わりませんが、自由主義の伝統では、多元的な文脈のなかでその内容に変化が生じてきました。ここでは、多様性は喜ばしいこととされます。そして、クエーカーが何よりも重んじるのが、彼らが求める霊的経験であり、どのようにその経験を得ることができるのかということです。言い換えれば、自由主義クエーカーは、教義によって定義されるのではなく、信仰の形式（様式）によって定められるのです。つまり、信仰の形式とは、クエーカーのグループがクエーカーであるあり方、礼拝の様式、業務の様式、信仰の証しと価値基準などです。信仰の意味内容は多様ですが、それは二義的なものにすぎません。たとえば、自由主義クエーカーの誰かに彼らが何を信じているか尋ねてみてください。たいていの場合、答えは、礼拝の形態について並べ立てたものでしょう。「私たちは賛美歌を歌いません。私たちには特定の聖職者はおりません。私たちは外的なサクラメントを行いません」などです。そうした答えは、クエーカーを知りたいと思う熱心な人にとってはごまかしのように聞こえることでしょう。しかし、これらのクエーカーは、自分たちの言葉でそうした質問に答えているにすぎないのです。これこそが私たちの信仰の中心にあるものなのです。つまり、経験に至るための手立てとしての礼拝を行う仕方です、と。

このように、クエーカー信仰はキリスト教でなければならないと思っている人々にとっては特に、ますます多様化している現状は嘆かわしいことですが、一方で、自由主義クエーカーは、その特徴的な礼拝や業務の様式、そして、その証しや価値基準に対する強い支持によって相互に堅く結びつけられているのです。人格神を認めない者がいるようなところでは、業務の仕方が単に別なふうに解釈されるだけです。彼らは、神学や言葉遣いに関する特定の態度によって結束しているのです。そのことについては、次の章で見ていきます。

4・6 まとめ

信仰の問題は、それぞれ三つの主な伝統において重要度が異なりますし、その規定の程度も異なります。福音派クエーカーにとって、礼拝の実践は変化する可能性があるものですが、その信仰内容は中心的で、明確に定義され正確に叙述されうるものです。保守派のクエーカーでも同様に、信仰内容はかなり限定されていますが、それをいちいち子細に論じることはあまり重要視されていません。彼らの関心は、一番重要なものとしての礼拝の経験に向けられています。こうした礼拝重視の態度は、自由主義クエーカーにも言えることですが、自由主義の伝統では、信仰内容は多様で、そこにはノン・クリスチャンも人格神を否定する人も含まれます。自由主義の伝統において重要なのは、様式に従うことであり、信仰内容については寛容な態度が求められます。

第5章　神学と言葉

この章では、クエーカーが伝統的に用いてきた非常に特異な言葉遣いについて、そして、そうした言葉遣いが今日の世界の様々なクエーカーによってどのように用いられているかについて考察します。また、特にこの章では、自由主義クエーカーの伝統における沈黙の用いられ方と神学という学問に対する彼らの用心深い態度に注目したいと思います。

5・1　初期クエーカーの言葉と神学

第3章で、私たちは初期クエーカーが沈黙を神と交わるための媒介として解釈し、それを用いてきたことを見ました。沈黙は、シーカーから借用した礼拝方法でしたが、ヨハネの黙示録の言葉によっても裏づけされたものでした。外的なものを批判する際、クエーカーは、「肉的な話／この世的な話（carnal talk）」や「肉欲による話／俗っぽい話（fleshly speaking）」、つまり、マタイ12章36節で言及されているような「つまらない話（idle words）」をしないように気をつけていました。「自然の言語（natural language）」はバベルでの事件の際に生み出されたもので、クエーカーが帰るべきと考えていたエデンの園に属するものではありませんでした。クエーカーは、エデンの園では、外的な言葉を用いることなく神を理解することができると考えていました。それは、エレミヤ書31章にあるように、彼らの心に刻まれた内的な契約の言葉があるからでした。エレミヤ書31章34節には、「人々は隣人どうし、兄弟どうし、『主を知れ』と言って教えることはない。彼らはすべて、小さい者も大きい者もわたしを知るからである、と主は言われる」と書かれています。

プロテスタントは、多くの儀式を内的なものとしましたが、クエーカーは、さらに進んで御言も内的なものとしました（キリストの経験）。沈黙は、静かにすべき事柄に関わり、キリストとの出会いに敬意を示し、その妨げにならないことに関わるものでした。沈黙はまた、古い生活を止め、神の御言と新しい生に開かれることでもありました。それは、神との交わりの経験の結果であり、また、そのための媒介でもありました。究極的には、沈黙は、神の啓示と御国の実現に関わるものでした。

したがって、言葉を発するときには、自己（self）と意志（will）を静める必要性が主張されました。

ところで、汝は沈黙において肉的な知恵、知識、理性、そして分別に対して死なねばならない。……あなたの内にある神のものに注意を向け、あなたが自分自身の考え、想像、欲望、心の思い、動作、そして、意志から静かになるとき、それはあなたを神へと導くことになるだろう。あなたが主を待ち望みつつ、これらの事柄から離れるならば、あなたの力は新しくされる。(Fox, 1990, vol. 4, p. 132)

沈黙は、礼拝の方法であり、内なる交わりの媒介です。言葉は、神との交わりの場であるそうした沈黙から出てくるものでなければならず、他の礼拝者をさらなる沈黙へと導くものでなければなりません。沈黙は神とのつながりの媒介であり、宣教の方法であり、宣教の基盤であり、宣教が受け入れられる手段でもあります。つまり、沈黙は宣教の基盤であり、その結果なのです。言い換えれば、沈黙は宣教へと開かれる方法であり、それが宣教に相応しいものかどうかを検証する方法であり、そして、宣教が聞かれる方法でもあるのです。1652年のプレストン・パトリックの集会で、フォックスは早い段階で話すことを期待されていましたが、集会を開いた人々の心配をよそに、彼は導かれるまで話そうとしませんでした(導きを感じて初めて、彼は話しました)。宣教の際の感話は神から与えられるものであって、得ようとして得ることができるものではなく、また、あらかじめ用意しておくことも計画しておくこともできないものです。礼拝において自己は死ぬように求められること、また、自分の意志の力によって礼拝を行うのは避けられることを考慮に入れるならば、感話を行う人はまったくの受け身的存在であり、神の御言を単に取り次ぐ者だと考えられます(エゼ3章27節、33章22節、マタイ10章20節)。1663年にリチャード・ファンワースは、次のように書いています。

神の霊に従い、神の霊によって導かれる男女の身体は、神の神殿であるので、神の霊が彼らの内で、そして、彼らを通して話されるのである。また、主は自らの民の教師であるので、主こそが、彼らの内において、そして、彼らを通して語られる方である。(Bauman, 1983, p. 25)

このように、1650年代のクエーカーの語りは霊的なものと捉えられ、話し手を超えたところから来るものと思われていました。世間話や俗っぽい話はする必要のないもの、不適切なものとみなされていました。そうして、クエーカーは初期の段階から話しすぎることに注意していましたが、彼らにとってもっと重要なことは、彼らの語ったことが正しいところから来たものであるよう心がけることでした。第3章で見たように、現在でもこうしたことは、誰でも宣教に招かれている礼拝において宣教する者が第一に心がける事柄です。後に、宣教の時間や頻度に関する慣習ができあがりましたが、それらの慣習は沈黙が濫用されないようにし、彼らが語る宣教の言葉は彼ら自身の言葉ではなく、神の言葉であるということを信徒たちに思い出させる役割を果たすものです。

初期クエーカーは、礼拝の実践のあり方のみならず、「概念」に基づく神学、つまり、個人的な経験によって裏づけられていない信仰告白に基づいた神学という学問にも十分に注意を払っていました。彼らは、彼らの生に介入する神の経験を通して、他のキリスト教の形式や言葉の無意味さに対する新たな洞察力を与えられていました。１６４７年の経験を振り返ってフォックスが結論づけているように、すべての人は、よきキリスト者と言いながらも（フォックスもそうであったように）不信仰の状態に閉じ込められているというのです。そして、キリストの直接的な体験のみがキリスト者をそうした捕らわれの状態から解放するのです。マーガレット・フェルは、自らの確信の際に、内なるものこそが信じるに値するものであり、外的なものに頼ることは偽りであるという、フォックスと似た言葉を残しています。

１６５２年、主なる神は彼（ジョージ・フォックス）を導かれ、私たちのもとによこすのをよしとされた。……当時の私の夫、トマス・フェルはそのとき家には滞在しておらず、巡回判事のひとりであったため、ウェールズへ裁判に出かけていた。私たちの家（スワスモア・ホール）は、宣教者や宗教的な人々を歓迎していたので、フォックスの友人のひとりがフォックスを連れてきて、彼は一晩私たちの家に泊まった。次の日は説教、もしくは断食の日であったので、彼は、ウルバーストンの教会（steeplehouse）へ向かったが、人々が集まってくるまでなかには入らなかった。私と子どもたちは教会のなかで（フォックスが来る）前から長らく待っていた。人々が説教前の賛美歌を歌っていたとき、彼はなかに入ってきた。人々が歌い終わったとき、彼は長椅子の上に立ち上がって、話をさせてくれないかと頼んだ。説教壇にいる者が構わないと言った。フォックスが最初に語った言葉は次のようであった。「彼は、外的な人としてはユダヤ人ではなかったし、外的な割礼も施していなかった。しかし、彼は内的な人としてユダヤ人であり、その割礼は心の割礼であった」。彼は続けて語った。キリストは世の光であり、世に来るすべての人を照らす、この光によってすべての人は神のもとへ集められると。私は信徒席から立ち上がり、彼の教えに驚いた。というのも、そうした言葉を聞いたことがなかったからである。そして、彼は聖書を開いて、続けて語った。「聖書は、預言者の言葉、キリストの言葉、そして、使徒の言葉である。それらの言葉を語るとき、彼らはそれらを心の底から享受し、そして、それを自分の言葉として語った。それらの言葉は主から与えられたものだからである」。そして、次のように言った。「聖書の言葉を生み出した聖霊の働きに与らない限り、聖書と何の関係があるのだろうか。汝らは、キリストがこう言った、使徒がこう言ったと言うだろう。では、汝は何と言うことができるのか。汝は光の子で、光の内に歩んできたのか。汝が語ることは、神から与えられた内からの言葉なのか。」

この言葉を聞いたとき、私の目は開かれて、言葉が心に突き刺さった。そして、私は、私たちは皆間違っていたことをはっきりと悟った。そして、私は信徒席に座り込んで、酷く泣いた。私は霊において主に向かって叫んだ。「私たちは皆盗人です。私たちは皆盗人です。私たちは言葉の上だけで聖書の言葉を受け取り、でも自分では何も知らなかったのです」。……私はそれが真実であると分かり、それを否定することができなかった。使徒のように、私は「真理を愛してそれを受けた」と語った。そのことがあまりにはっきりと私には分かったため、それに反対するようなところは心のなかに微塵もなかったが、主が私を真理に留めてくださるように願った。そして、私はそれ以上のことは望まなかった。

（*Quaker Faith and Practice*, 1995: 19.07）

いったん真理が明らかにされた後は、クエーカーはその知識を伝えないわけにはいきませんでした。というのは、他のすべての人は不信仰に閉じ込められており、つまり、盗人の状態にあったからです。

このように、これらのクエーカーたちは、俗的な話題につながる外的なものを批判し、また、神との直接の交わりの経験に基づかない「空虚な」神学も批判しました。だからといって、こうしたことからクエーカーは静的なあり方に向かったとか、すべての神学を避ける方向に向かったとかいうわけではありませんでした。問題となるのは、言葉や神学が信じるに値するものかどうかということでした。教義については、何世紀にもわたって存在してきた慣習的で真性ではない神学として、特にクエーカーの批判の的になりました。

5・2　神学や言葉に対する今日の態度

私たちが今日のクエーカーのそれぞれの伝統に見出すのは、初期クエーカーの態度から派生したものですが、それらは、ある点で初期の態度に直接的につながるものです。プロテスタントの主流派へと接近した福音派の伝統は、礼拝や宣教の言葉は聖霊によって導かれていると依然として主張していながらも、外的形式や特定の祭事を批判する初期クエーカーの立場のいくらかを捨て去ってしまっています。ガーニー派の年会は、1887年のリッチモンドでの信仰宣言に同意しました。第4章で『宣言』の一番初めの文章を見ましたが、それは教義ではないにもかかわらず、まさしく教義のように読めるものです。この『宣言』をどの程度守らせたかによって、20世紀に緊張関係が生じたり、分裂が起きたりしました。その点、保守派のクエーカーは、最も初期クエーカーのあり方に近いように見えます。

クエーカーがそのように主張し、彼らの日々の生活において聖霊の導きに完全に開かれようとする点で、彼らは、どんな教理とも、どんな教義とも、もしくはどんな信条とも関係しないことを望むのである。（*Faith and Practice: Book of Discipline of the North Carolina Yearly Meeting (Conservative) of the Religious Society of Friends*, 1983, p. 6, 9）

自由主義の場合は、経験に基づかない言葉や空虚な神学に対する慎重な立場から、神学的な言葉に対して注意深い姿勢を取るようになっています。

神学に対して与えられる権威をめぐる現代のクエーカーの相違点について見ていくもうひとつの方法は、実在論（realism）、半実在論（semi-realism）、非実在論（non-realism）という三つの視点です。すなわち、どの程度、神の経験ないしそれについて私たちは語ることが真実と思われるかということです。初期クエーカーは実在論者でした。つまり、彼らは神の経験を現実のものと信じ、彼らの神学を真実と考えていました。彼らが神について語らねばならないこと、人類と神との関係について語らねばならないことは正確なもので、間違いのないものでした。こうした立場は、今日の多くの福音派クエーカーと保守派クエーカーについても確かに当てはまります。福音派のクエーカーが神学を提示する際（再度、第4章を参照してください）、彼らは、自分たちの語る神学は正しく、その言葉は現実と合致していると確信しています。自由主義のクエーカーは非実在論者、もしくは多くは半実在論者です。

非実在論者は、宗教的信念というものは私たちの高次の人間的理念を象徴するもので、そうした信念は何の実在も指し示していないと考えています（だから、非実在論者なのです）。こうした考え方は、「神」を人間の政治的願望の総和とみなすドイツの哲学者ルートヴィヒ・フォイエルバッハの神の見方に似ており、彼らは、アングリカンの非実在論者であるドン・キューピット（Don Cupitt, 1934-）の著作や信仰の海運動（the Sea of Faith movement）[34]に肯定的です（この運動には、クエーカーも参加しています)。

実在論者的に言えば、「神が存在する」という主張は真か偽かのどちらかである。神に関してなされた主張は、あなたの車に対してなされる主張に似ている。それらの主張は現実(reality)、つまり、事実(facts)に合致しているか、そうでないかである。しかしながら、キューピットが語るように、こうしたことを別の視点から見ることができる。つまり、非実在論的な見方である。この見方によれば、神は現実の人格、力、もしくは実在(つまり、知性的存在、エネルギー、岩や雛菊のような物体)としてではなく、象徴とか、観念として理解できる。つまり、神はフィクションである。しかしながら、それは必要な、役に立つフィクションである。(Boulton, 2002, p. 149)

この非実在論のクエーカー版においては、実在論者が語る神は必要なものではなく、不適切なもので、まさしく明白な間違いなのです。

しかしながら、自由主義の伝統においては、潜在的には半実在論の立場が支配的です。神、もしくは「神」は実在しているが、神に関する主張は、神に関する事実ではなく、神経験についての解釈であるというのです(逆説的に聞こえるかもしれませんが、非実在論者の神に関する主張は、半実在論者よりも強い確信を抱いたものです。それについては後ほど見ます)。半実在論者は、神の経験は現実であると考えますが、神学的言説は神の神秘を描き出すことはできないと信じています。この意味で神学は、象徴的に意味があるという点を除けば、究極的には「現実」でも真実でもないのです。信念は、個人的に、部分的に、もしくは暫定的に「真実」であると受け取られるもので、どんな時にもどの人にも通用するような真実ではないのです。こうした考えは、神に対する何かしらの批判というよりもむしろ、人間の能力と言語の力は宗教的・霊的経験を十分には叙述できないという分析に基づいています。多くの自由主義クエーカーにとって、経験的に言えば、神学は明らかに立証不可能なものなのです。

……「神」に関する主張は、真理というよりもむしろモデルとして理解するのが一番である。……究極的な真理を定義することはできないがゆえに、宗教は開かれた問いに基づいたコミットメントであり、信念ではないのである。(Punshon, 1989, p. 27)

半実在論者の場合、すべての人が物質の世界を超えた何ものかの存在について疑問を持っているというわけではありません。そうではなく、単に説明や表現の多様性は信念の多元的なあり方を示しているというにすぎません。このように、「物質の世界を超えた何ものか」は様々な形で叙述され、開かれた信仰体系の一部になっています。神は様々に違った形で表現され、神の性質についても個々のクエーカーによって様々です。こうした半実在論は、自由主義クエーカーの神学に対する態度の一部を形成していますが、その神学自体は、沈黙の歴史的価値と宣教の言葉に対する慎重さに適合したものとなっています。これらのことについては、以下で詳しく見てみたいと思います。

5・3　自由主義クエーカーと神学

自由主義クエーカーがもともと経験を強調するようになったのは、一部は福音派クエーカーに対する批判からであり、また一部では、後期ヴィクトリア期の高等批評学や聖書学による発見を取り入れようとする合理主義的な基盤からのものです。第4章で説明しましたが、純粋な経験と進歩主義の結合、および「新しい考えに開かれよ」という姿勢によって、自由主義クエーカー信仰には、神や神学に関する新しい考えを探索する広大な自由が与えられました。そして、20世紀後半までには、言語と神学に対する明確な態度が発展してきました。

第3章で見ましたが、自由主義クエーカー信仰では沈黙に非常に重きを置いています。初期クエーカー信仰では、沈黙は経験に至るための手段であり、経験の結果でしたが、自由主義クエーカーにとって沈黙は、外面的には、特殊な礼拝共同体の境界線を定めるものであり、また、それを通して神の御心が聞かれ、言い表され、そして、見極められる手段（媒介）となるものです。沈黙を通してなされると信じられているのは、以下のようなことです。

（１）個人によって神が経験され、神への信仰を通して個人に権威が与えられる。
（２）信徒たちが沈黙において神を経験すると主張している事実から、沈黙が媒介として正当化される。
（３）「神の御心」は、「聖霊の導き」を通して個人によって見分けられる。
（４）何が神の御心であるかは、礼拝のなかで共有され、共同の証しによって検証される。
（５）神の御心に従って何をするかは、沈黙の礼拝形式の業務集会で決定される。
（６）その業務を誰が行うかは、沈黙の礼拝形式の業務集会で考慮され、任命される。

沈黙とその使用は、クエーカーのグループの働きにとって大きな意味があります。一方で、言葉は、共同体全体の沈黙に付与される神学的役割の結果にすぎないとみなされます。言葉の地位はまた、自由主義クエーカーに広がっている半実在論的な見方、つまり、（a）信仰を言葉で伝えられる可能性の低さ、（b）信仰を言葉で伝えることの不適切さといった理由から、低く見られています。第一に、言葉は、霊性を表現するのに実際的な価値があるとは見られていません。彼らにとって、言葉は真理を伝えるのにはあまりに鈍く、推測の域を超えることができないものなのです。

それ自体としての神は、まったく知ることができないＸである。私たちは語りえぬこと

について は、沈黙しなければならない！　神学は、この沈黙によって豊かになり、貧しいものでなくなるのである。（Leichty, 1990, p. 83）

第二に、自由主義クエーカーは、宗教的信念を吟味し、言語化することは適切ではないと主張します。こうした見方は、言語と神は質的にまったく異なるという前提に立ったものです。理路整然とした言葉遣いは、信徒を神から離してしまうというのです。正確で明瞭に思えるものは、間違っている可能性が高く、言葉は神の理解を制限するのです。

クエーカー信仰は、教理や教義というよりも、生き方を形成する洞察、態度、実践の集合である。クエーカー信仰は、心の内奥を見ることで、人は創造主との直接の交わりを持つことができるとの確信に依るものである。この経験は、究極的には言葉で表現することはできないが、クエーカーはその経験に基づいて全生活を送るのである。（*The Quaker Way*, 1998）

あるレベルでは、神と神についての経験は表現できないものです。

神は、言葉によって表現された概念に当てはまるような方ではない。信仰は、神についてまったく知りえない可能性、そして、その神秘性について考慮に入れねばならない。(Hewitt, 1990, p. 757)

このようにして、クエーカー神学は必然的に最小限なものに留まることになります。ある点で沈黙は、神学的疑問に対して、言葉による表現よりももっと正確に回答するものです。この意味で自由主義クエーカーは、テキスト中心の立場からも、口頭による伝統からも距離を取るのです。

私たちの多くにとって、「神」を言葉のなかに押し込むことは、私たちが伝えようとしているまさにそのことを矮小化するだけだと確信する。……集会での沈黙は、私にとってそれ以上のものである。沈黙以外にどうやって私は言葉を超えたものを他の人と共有できるというのだろうか？（*Letter to The Friend* (1992), 150, p. 471）

このように、自由主義クエーカー信仰においては、信仰を言葉で表すことは低く見られていきます。そこから（17世紀クエーカーもそうであったように）、誰にでも開かれた自由な宣教は、まさしく言葉を超えた事柄に関わるものとなります。そして、20世紀においては、神のみならず、神学さえも表現できないものとみなされるようになったのです（これは、17世紀クエーカー信仰とは異なる点です）。

言葉に出す信仰告白が存在しないこと、もしくは規定の言葉を承諾するよう求める体制が存在しないことは、信仰に関する問題について沈黙を保つことを可能にさせます。かつては、信仰の内容を表明しないことは問題とはなりませんでした。というのも、クエーカーたちは信仰の問題について大いに一致していたからであり、お互いの神学から学び合うこともできたからです。それゆえ、宗教的言語をたくさん用いたからといって、孤立を感じる恐れもなかったのです。現在では、集会の内外で、神学について表明することは躊躇されます。神学的規範がはっきりとせず、潜在的な不安要素となっているグループにおいては、沈黙を保つことは信仰を共有することよりもずっと、そうした不安をなくすことに貢献します。今日のイギリスのクエーカー信仰は神学的には非常に多様で、そうした多様性は沈黙という傘の下で花開き、そして、その内容はチェックも受けておらず、またそうするのも不可能で、一部はまったく知られてもいません。そうした多様性の広まりは以下のような過程を辿ります。

（1）礼拝と沈黙の使用は、クエーカー的形式の基盤である。クエーカーの宗教経験は、沈黙の内に生じるもので、個人の信仰が形作られることによってその宗教経験の意味が理解される。

（2）神学的な信念は宣教として発言しても構わないが、頻繁に行われることはない。それは、発言の機会がそれほどないからでもあり、発言する勇気が欠けているからでもある（礼拝では沈黙が用いられるが、それは一種の自己検閲のためであり、もしくは争いを避けるためでもある）。

（3）信念を言葉で表明する機会がないということは、それに対する反応もないということである。

（4）この段階での沈黙は、（a）礼拝形式としての沈黙の結果として、（b）そして、防衛としての沈黙の結果として働く。

（5）このようにして、新参者がグループに入ってきたり、信徒が神学の言葉遣いを変えたりすることで、そのグループ全体の信仰の変化が知らないうちに生じる。

私たちの一致は礼拝集会の沈黙に存すると、つまり、言葉や概念を超えた沈黙に存すると語る人々がいる。沈黙はまた、私たちの不一致を隠し、和らげるための覆いとしても用いられる。そうして、不和をもたらすと考えられている事柄は発言を控えられ、また、それがなされることもない。（*Letter to The Friend* (1992), 150, p. 604）

沈黙という礼拝形式はグループの結束のための手段として働くものですが、沈黙に関する様々な解釈がある段階に至ると、その形式を変化させ始めることがあります。たとえば、業務のための礼拝集会は沈黙に基づいて行われますが、それは伝統的に神の御心を見分けるための手段とみなされてきました。神や神の御心を信じない人々にとって、業務集会のこうしたあり方は時代遅れと思われています。彼らの代わりの業務の方法は、興奮を呼び起こしやすい政治的なものです。こうした状況が、自由主義の伝統が直面している課題かもしれません。

信仰と神学の面でより徹底した現実論を取る人々にとって（世界の大多数のクエーカーがそうですが）、自由主義クエーカーの多様性は、宗教のスーパーマーケットのように見えることでしょう。つまり、自分の好きなものを色々と拾い上げて、混ぜ合わせた宗教です。承認された特定のキリスト教が存在しないことは、福音派や保守派のクエーカーにとっては困惑以外の何ものでもありません。自分の好みで作り出された折衷主義は、宗教からのまったくの逸脱のように見えるでしょう。これらの他の伝統にあるクエーカーからしばしば誤解されることは、確かにそれはそうかもしれませんが、信仰が自由主義クエーカーの中心ではないということです。第一に大切なことは、自由主義クエーカーが自分たちの信仰をどのように定義しているかということではなく、むしろ単に自分たちにとって重要な「経験」の性質を説明しようとする試みなのです。自由主義クエーカーは、クエーカー信仰の形式を強調しますが、それは彼らが何も信じていないからではなく、経験に導くのがそうした形式だからなのです。そして、この形式こそが彼らにとっての信仰の中心なのです（第4章を参照）。しかし、こうした立場は、福音派のクエーカーにとっては理解できないものです。

さらに言えば、自由主義クエーカーはそうした神学的な多様性を超えて、また、形式をめぐる一致をも超えて、神学に対する特定のあり方、つまり、筆者が「絶対的な不確実性（absolute perhaps)」と呼ぶものによって、現在結びつけられています。言い換えれば、自由主義クエーカー信仰は、（何を信じるかではなく）いかに信じるかということによって団結しているのです。自由主義クエーカー信仰を作り上げ、それが永遠に発展するのを可能にしている様々な特徴は、今や標準的なものとなっています。フレンドは新しい考えや新しい啓示に自らを開くことができるのみならず、そうあるべきなのです。多様な方向性を探り、結果として自由主義クエーカーのグループ内でさらなる多元化が進み、相違が生じる可能性が、自由主義クエーカーの標準的立場であり、他との区別をなす境界線になっているのです。

進歩主義と新しい光に開かれるという態度は、自由主義クエーカーのグループは個人的にしか、部分的にしか、もしくは暫定的にしか真理を知ることができないという考えに転換されてきました。こうして、自由主義クエーカー信仰は、魂の探求の可能性に関するものであるのみならず、最終的には決して発見できないものを確証することにも関わるものになりました。自由主義クエーカーは、何も発見できないと分かっているところでも探求することでしょう。自由主義クエーカーにとって、すべての神学は、推定の域を出ない（perhaps）類いの実践なのです。宗教の性質に関する合理的・哲学的理解によれば、これらのクエーカーは、宗教的真理の主張は問題あるものと判断していることになり、その宗教的主張は真でも偽でもなく、合理的に無意味なのです。宗教的な企ての外部に立つことで、これらのクエーカーはそうした宗教的主張の性質について確信しています。言い換えれば、彼らは、神学的に確証することが不可能であるということを絶対的な合理的立場から確信しているのです。ある意味で彼らは、「絶対的な不確実性」という教理を取り入れているのであり、それを規範的なものとしているのです。さらに別の言い方をすれば、これらのクエーカーは、共同の不確定性（corporate uncertainty）という神学的立場に強い意気込みを感じており、それに対して原理主義的な立場さえ取っているのです。非実在論者である彼らは、その確信性において、神学的な推定性（perhapsness）という原理に基づいている自由主義の伝統に何とも落ち着かない様子で収まっているわけです。神学に関する確信の点で指導を受けた（eldered）クリスチャン・クエーカーのように[35]、非実在論者のクエーカーはときに、認識論的な緊張関係としてではなく、神学的な緊張関係として自分たちの居心地の悪さを誤って理解してきました。神学的な真理を見出した人々、もしくはその真理を他のグループ（たとえば非実在論者たち）と共有したいと考える人々は、（自由主義クエーカーと関わる際）不快な思いを抱くことになります。どのような思想にも開かれたグループにとってひとつ皮肉なことは、自由主義クエーカーは、誰にでも、またどの時代にでも通用する最終的な真理を発見したと語るどんなグループもどんな人も間違いであるとの立場に立っているということです。他のキリスト教の信徒がときにキリスト教の告白の確実性を構成する事柄について何らかの不安を抱えることがある一方で、自由主義クエーカーは、自分たちは確証できないということを確証しているわけです。自由主義クエーカー信仰に従えば、すべての宗教的グループは、少なくとも何かしらの点で神学的に間違えるのが必然なのです。

したがって、エキュメニカルな視点で考えると、自由主義クエーカーは興味深い存在です。彼らは、他の大多数の宗教的グループとは大きく異なる仕方で信仰を持っています。第一に、彼らは、非常に異なる価値体系のカテゴリーとして信仰を保持しています。しかしながら、第二に、彼らはまた、信仰を中心に置くすべてのグループや、神学は真理でありえる、もしくは真理であると考えるすべてのグループを糾弾する傾向があります。「絶対的な不確実性」は自由主義クエーカーを特徴づけるもので、今日の世界中の他の伝統に立つクエーカーとの重要な相違点であり、また、歴史的に見ても、他のクエーカーの伝統との重要な相違点です。他のクエーカーは、自分たちの絶対的な立場、実在論的な立場についてなかば確証を抱いているか、絶対的な確証を抱いているかです。そして、彼らは共同の神学を維持することに、（自由主義クエーカーとは違って）それほど注意深い態度を取ることはありません。

まとめれば、クエーカーのすべての伝統はそれぞれ、初期クエーカーとは言葉の取り扱い方が少し異なります。福音派も保守派も自由主義クエーカーも「この世的な話」には特に慎重ではなくなりましたが、自由主義クエーカーは、この世的な話に対する慎重さを神学に対する慎重さに置き換えた点で、最も革新的な流れになったのです。

第6章　エキュメニズム

エキュメニズムに関するクエーカーの見方、他の教会や他の信仰の人々と一緒になって働くクエーカーの仕方は、時代とともに大きく変わってきました。特に、自分たちを唯一の真の教会とみなす程度に応じて変化してきました。彼らのエキュメニカルな見解はまた、キリストの再臨と最後の審判の日がどれほど近づいていると感じているかに応じて形成されてきました。この章では、クエーカーのエキュメニカルな見解の変化について探り、エキュメニカルな協力関係をめぐって自由主義クエーカーが直面しているいくつかの問題について知るために、イギリスのクエーカーをケーススタディとして見ていきたいと思います。

6・1　1650年代

1650年代、神の新しい摂理の先兵となって神とともに働く者として、クエーカーは他の宗派の信徒、特に聖職者や司祭と関係を持つ時間はほとんどありませんでした。同時に、まさに到来しつつある終末という感覚が彼らの批判に緊迫感を与え、それが熱心な活動につながることになりました。

ベンジャミン・ニコルソン（Benjamin Nicholson）が１６５３年に出版した『反キリストの三つの情況に関する発見（*A Brief Discovery of the Three-Fold Estate of Antichrist*）』は、公定教会に対する特に激しい批判の冊子（トラクト）です。教会の建物に対する崇敬、聖職者による支配、国家によって支えられた教区制度が、このトラクトの主な批判対象でした。ここでは、民衆を煙に巻き、頼るべき霊性を彼らから奪う聖職者が特に弾劾の対象となっています。「誇り高き聖職者よ、主は来られる……あなたは申し開きのために呼ばれねばならない。……あなたの御国はあなたから取り去られる。……悔い改めよ。悔い改めよ。民衆をだますのを止めよ。あなたが奪い取ったものをその人へ返却せよ。」（Gywn, 1995, p. 138）

エドワード・バローの１６５３年のトラクト、『シオンから鳴り響く主のトランペット（*A Trumpet of the Lord Sounded Forth Out of Sion*）』では、バローの筆を通して、神が23の様々な人々やグループを非難しています。彼らは、「すべての聖職者、予言者、そして、民衆の教師たち」です。特に忌まわしいとされているのは、彼らの欺瞞と偽善です。

あなたは、偽善と欺瞞と嫌悪においてこれまでも誰よりも優っており、彼らとは違って言い訳もできず、私の目には誰より堕落しているように見える。……まったく不快で忌まわしく憎むべきは、お金のため、もうけのため、そして、報酬のために説教をし、民衆を餌食にするあなたの汚らわしさである。……あなたは私の勧告に従わず、私の道から外れてきた。……あなたは御国から人々を閉ざし、何千もの人々を滅びに至らしめた。何万もの人々があなたの宣教によって滅び、あなたの宣教のために彼らは過ちを犯し、道から外れてしまったのである。……使徒を死に至らしめ、今現在彼らの言葉を商売の道具にしているのは、あなたから出た同じ種なのである。(Burrough, 1656, pp. 10-11)

背教は、それはそれでひとつの問題ですが、他の人々が新しい契約に与るのを自己中心的な動機から妨害するような背教は憎むべきものでした。こうしたクエーカーによる非難は１６５０年代には一般的でした。

初期クエーカーは万人救済の可能性について主張しており、聖書に関する外的な知識があろうとなかろうと、すべての者がキリストに与りうると信じていました。これが万人救済説の始まりというわけではなかったのですが、すべての人々がクエーカーになることができるし、クエーカーになるべきである、そうすることで彼らも与っている唯一の真の神との霊的な親密さを享受することができるという熱い感覚を、彼らは持っていました。

キリストはこの世に来るすべての人々を照らされる。彼は、トルコ人であろうと、ユダヤ人であろうと、ムーア人であろうと、その光をもって照らされる（その光は、イエスにおいて命であり、御言である)。それは、すべての人々が光において神とキリストを知るようになるためである。また、「救いをもたらす神の恵みがすべての人々に現れるようにである」。もちろんそれは、トルコ人でも、ユダヤ人でも、ムーア人でも、それどころかすべての国の人々に現れるのである。そして、それは、神の恵みを通して、邪悪さや不義を否定し、正しく、信仰深く生きるように教えられるためである。したがって、すべての者は心の内なるこの神の恵みに向かわねばならない。その恵みが救いをもたらし、(もし彼らが救われるならば)恵みの座に来ることになる。これが恵みの契約であり、そこに選びがある。すべての創造主たる神は、新しい契約の日には、この世のすべての男女に自らの霊を吹き入れられる。さらに白人にも、黒人にも、ムーア人にも、トルコ人にも、インディアンにも、キリスト者にも、ユダヤ人にも、異教徒にも霊を吹き入れられ、その結果、すべての者が神の霊をもって、神と神の事柄を知るようになり、彼が与えられた彼の霊と真理において彼に仕え、彼を礼拝するようになる。一方で、真理に背き、神が人々に与えられた聖霊の働きを消し去り、苦しませ、損ない、反抗する人々は、神の霊と真理において神に仕え、神を礼拝することはない。しかし、神の恵み、神の霊、神の光、真理において最後まで耐え抜いた者は救われるのである。(Epistle 388, Fox, 1990, vol. 8)

すべての者は平等で、彼らには、新しい生と救いへと招く神の働きを受け入れるか、それを拒否し、損なうか、その機会が与えられています（強調訳者）。マーガレット・フェルは、オランダのユダヤ人に4冊のトラクトを書き送り、彼らがイングランドに帰還するよう主張しました（1295年に、ユダヤ人はイングランドから追放されていました）。これらのトラクトは、ヘブライ語聖書の言葉で巧みに構成されていましたが、その目的は、彼らの外的な儀礼の遵守から「心の中にある神の純粋な法」に目を向けさせ、ユダヤ人たちをクエーカー的な経験へと転向させ、御国の到来を告げる助けをすることでした。

それゆえ、イスラエルよ、立ち上がって輝け。汝の光はすでに到来しており、主の栄光は汝らの上にある。……だから、これが訪れの日である。目覚めよ、目覚めよ、エルサレムにおいて立ち上がれ。（Fell, 1710[1656], p. 110）

このように、初期のクエーカー信仰は実際のところ、厳密な意味での万人救済論者でもなければ、エキュメニカルでもありませんでした。また、そのメッセージはしばしば非常に直接的で礼を欠くものでした。たとえば、ジョン・ルッフェ（John Luffe）が教皇アレクサンデル七世に接見したとき、彼は「力に至る真理」について話をしています。

「汝は偽ってペトロの椅子に座っておられるが」、ルッフェは次のように語った。「ペトロは椅子ではなく、船を持っていたのであり、彼は漁師であったが、汝は王子のようだ。ペトロは断食をし、祈ったが、汝はおいしいご馳走を食べ、心地よく眠る。ペトロは、貧しい装いだったが、汝は飾りに囲まれ、煌《きら》びやかな服装を着ている。ペトロは人をとる漁師で、彼らを回心させたが、汝は人の魂を鍵で引っかけ、困惑させるだけである。ペトロはキリストの友であり、弟子であったが、汝は確かに反キリストである。」（Braithwaite, 1912, p. 424）

ルッフェはこの接見の後の朝、絞首刑にされました。ボストンでは、第1章で述べたように、ピューリタンの植民地の為政者がメアリー・ダイヤーを含む4人のクエーカーを、信仰を理由に絞首刑にしました。当時はエキュメニカルな精神がなかったため、他の霊性に対する嫌悪感はどちらの側にも共通する事柄でしたが、そのために、初期クエーカーのなかから殉教者が出ることになったのです。

6・2　王政復古期

1660年代、クエーカーは（他の多くの修正とともに）他の宗派に対する態度に修正を加え、迫害の軽減や宗教的寛容を求めて他の宗派の人々と一緒になって活動をしました。1662年までには、他の宗派の聖職者や信徒に対するクエーカーのメッセージも和らいだものになりました。

すべての国の人々は、背教という夜の雲の下で堕落してきた。神やキリストに対する告白がなされ、ある種の礼拝が行われてきたが、そこには神の力が欠けており、イエス・キリストの生は彼らの間では知られていなかった。そうした人々には神聖な形だけはあったが、神の御力を拒否していた。その御力によって神に背くすべての事柄を克服できるというのにである。罪と不純なものを克服する神の御力が知られてこなかった理由は、彼らが、神から与えられる力があるところにいなかったからである。……そして、今日のすべての信仰者は、霊的な家を作り上げるのに相応しくまっすぐな者とされるために、この隅石のもとに集まらねばならない。神の家のすべての石は、隅石に対してあるように、生き生きしたものでなければならない。すべての者は、完全なる日の光に集わなければならない。それは、彼らが美の完成を見るようになるためであり、すべての国の人々の栄光があなた方の間で輝くためである。(White, 1662)

司祭たちは、依然として「主の御力の外に」いるとされていますが、クエーカーの考えでは、彼らは神の国の一部となるために相応しくまっすぐな者になるよう選択することも可能なのです。1650年代を経た後、クエーカーは他の宗教グループに対して敵対的ではなくなっていました。キリストの再臨への意識が後退するにつれて、中間期に生きることが日々の現実となり、迫害から生き残ることが一番の目標となりました。第二日早朝集会は、1674年にバプテストを反験するトラクトの出版を拒否しました。それは、「バプテストとクエーカーの間で訴訟が起きていたからであり、彼らはさらなる論争を持ち込むことで問題をもっと複雑にしたくはなかったから」です（Reay, p. 111）。バークレーは彼の『弁明』のなかで、他のキリスト者の考えに対して非常に批判的な立場を取っていますが、外的なサクラメントに関する長く説得力のある文章の最後で、そのように礼拝するすべての人々に対する全面的な非難を巧みな形で止めています。

最後に、もし今日の人々も霊の働きの真の穏やかさから、そして、神に対する真の良心をもって、聖書に記された初期キリスト者が行っていたのと同じ方法、手段、あり方で（私が知る限り、現在は誰も行っていないが）この儀式を実践するならば、私は、彼らがその儀式においてよしとされ、主によって顧みられ、そして、我々が無知であったときにさえも、我々の多くに主が現臨されたのと同じく、これらの儀式を行う際にも主がしばしの間、彼らに自らを現されることがあると主張するにやぶさかではない。しかし、それは常に、彼らがこれらの儀式を他の人々に押しつけようとせず、また、それらの儀式から自由である人々を裁かない限りにおいて、もしくはこれらの儀式に頑固にも固執することがない限りにおいての話である。というのは、神が現臨され、これらすべての儀式や儀礼を放逐し、そして、霊によって神が礼拝されるべき日が明けたことを、我々ははっきりと知っているからである。神は彼を待ち望む人々に現れてくださるのであって、これらの儀式の内に神を探し求めることは、墓地でマリアがしたように、死人のなかに生命を探し求めるようなものである。また神は、霊において立ち上げられ、霊を通して明らかにされたのであり、神の子らが神の光の内に神とともに歩むことができるようにと、彼らをこれらの原始的な事柄から導き出そうとされているからである。神に永遠の栄光あれ。アーメン。（prop. 13, Barclay, 2002）

すでにクエーカーに対して示されたように、誠実な心をもって行われた過ちは神によって酌量され、過ちに陥った人々が他の人々を時代錯誤の儀式に無理矢理参加させようとしない限り、「主は彼らを顧みられる」と、バークレーは言います。もちろん、バークレーは、「日は明けた」というクエーカーの立場を再度主張して話を終える必要がありましたが、上ですでに見たように、この新しい日が意味することは、フォックスの意味することとは異なります。この文章が示すことは、１６６０年以降のクエーカー信仰において生じた変化のもうひとつの例です。

ウィリアム・ペンがペンシルバニアで聖なる実験を始めたとき、宗教的寛容と平和は、クエーカーがどれほどエキュメニズムを発展させてきたか、もしくは政治的自由をどれほど発展させることができたかについて示す、何よりも重要な二つの理念であり、象徴でした。ロードアイランドも、クエーカーの統治下で、良心の自由を約束しました。ペンシルバニアの政治機構（Frame of Government）の第35節には、次のような言葉があります。

この州に住むすべての人々は、唯一の全能で永遠の神を告白し、神は創造主、この世界を支え、この世界を支配しておられる方だと認め、そして、良心において平和に生き、市民社会において正義に沿って生きる義務を自ら課すのであるが、彼らは、信仰と礼拝に関する宗教的確信と実践を理由に苦しめられることもなく、傷つけられることもない。ましてやどんなときも、何かしらの宗教的礼拝や、宗教的施設、また、宣教に加わるように強制されることも、それらを維持するように強制されることも決してない。(Dunn and Dunn, 1982, p. 225)

クエーカーは、良心の自由をすべての信仰者に当てはまるものであると考え、良心の自由を自分たちの教えの中心に据えました。もちろん時代背景が異なりますが、こうした態度は、クエーカー運動の初期の頃とはまったく対照的です。

6・3　18世紀および19世紀

宗派的な枠組みが18世紀の（静寂主義的で内向きな）「家族的な修道生活」を特徴づけるものである一方、「この世における」生活は、クエーカーと他の宗派のキリスト者との関わりを否応なしにますます増加させることになりました。国教会に服従しない人々（nonconformists）が共通して関心を持つ分野があり、それによってそれぞれの宗派間における共同作業がなされるようになっ

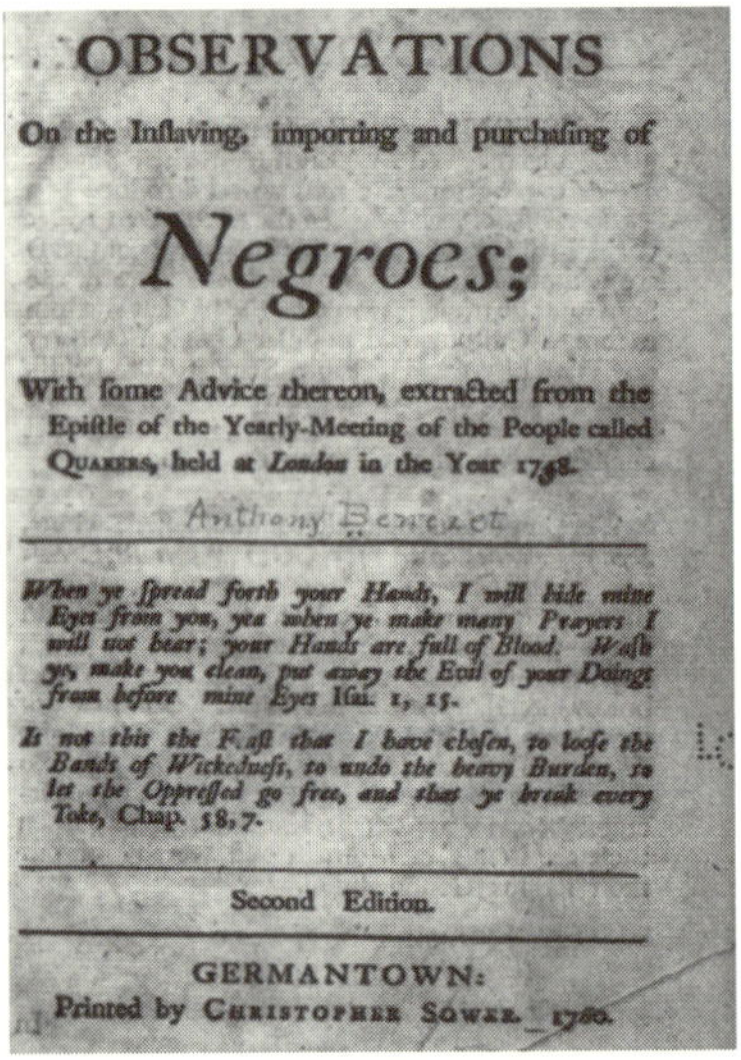
OBSERVATIONS
On the Inslaving, importing and purchasing of
Negroes;
With some Advice thereon, extracted from the Epistle of the Yearly-Meeting of the People called QUAKERS, held at London in the Year 1748.
Anthony Benezet
When ye spread forth your Hands, I will hide mine Eyes from you, yea when ye make many Prayers I will not hear; your Hands are full of Blood. Wash ye, make you clean, put away the Evil of your Doings from before mine Eyes Isai. 1, 15.
Is not this the Fast that I have chosen, to loose the Bands of Wickedness, to undo the heavy Burden, to let the Oppressed go free, and that ye break every Yoke, Chap. 58, 7.
Second Edition.
GERMANTOWN:
Printed by CHRISTOPHER SOWER _ 1760.

アンソニー・ベネゼットの著書
Observations on the Inslaving, Importing and Purchasing of Negros（1760年）
のタイトル・ページ

たからです。

18世紀の奴隷売買への反対によって、福音派によるリバイバルから影響を受けたクエーカーと他の福音派の人々との間の一致の感覚が醸成され、逆にまたその一致の感覚によって奴隷売買に対する反対運動が盛り上がることになりました。静寂主義者もまた奴隷売買に反対していましたが、彼らは「この世の人々」とはあまり関わりを持ちませんでした。福音派クエーカーにとって（かつては自分たちの宗派の外を意味していた）「この世」は、今や「キリスト教世界の外部の人々」を意味するようになっていました。ジョセフ・ジョン・ガーニーは、宗教的ではない人々も反対運動を援助できるような形で、英国海外聖書協会の人々に対して奴隷問題について語りました。ガーニー自身は多くのクエーカーのようにアングリカンに惹かれていましたが、クエーカーの伝統にある通り、二度ほど、社交界の夕食会で客人に挨拶するときでさえも帽子をかぶり続けるべきとの神の御心を強く感じ取ることになりました。彼はこの「神の導き」に従い、自分自身の理解においても、他の人々の理解においても、「確信を持ったクエーカー（decided Quaker）」となりました。

ガーニーのような福音派のクエーカーは、自分たちのことを唯一の真の教会というよりも、真のキリスト教会の一部にすぎないとみなすようになりました。ガーニーは、彼の著書『友会徒の特徴的な考えと実践に関する所見（*Observation On The Distinguishing Views & Practices Of The Society Of Friends*）』（1979[1824]）の最初の部分で、クエーカーの特徴について語るよりも前に、まずキリスト教徒間の一致に関する明白な根拠を述べることから始めています。そこに書かれていることは、キリスト教の本質に関するガーニー派的な見解ですが、当然のことながら、たとえば、王政復古期のバークレーの神学的傾向や立場とは対照的です。しかしながら、バークレーに似たところもあって、ガーニーはクエーカーの聖書解釈の正しさを信じる一方で、『所見』の最後の章で、エキュメニカルな精神から聖餐について次のように論じています。つまり、神は誠実な心を受け入れたまい、「様々な状況に対する様々な手段を祝福されるのをよしとされるのだから」（1979, p. 168）、こうした外的な儀式を続ける人々を批判しないようにと、クエーカーに対して忠告しています。ガーニーの立場は、初期クエーカーよりも教義的に特徴があるとはあまり言えませんが、それはガーニーが、キリスト者は終末とどのように関係するのかという点では他の宗派と意見が一致していたからです（終末をどのように待ち望むべきかについてだけ見解が一致していませんでしたが）。

聖書協会での国教会の信徒たちとの共同運動、後に彼らと一緒に行った国内伝道活動によって、自分たちは様々な宗派のひとつにすぎないという感覚が、イギリスのクエーカーには根づきました。クエーカーは、1850年代から60年代に宗派内での結婚、簡素な服装、簡素な話し方といったクエーカー的な独自のあり方を捨て去りましたが、その結果、それをやりすぎと感じる保守的な人々との間に小さな分裂が生じました。たとえば、あるイギリスの静寂主義者のクエーカーは、「ひとりの人間に『あなた（you）』と語るくらいなら、溝で犬のように死んだ方がましだ」と語ったほどでした。

19世紀を通してイギリスでは、非国教徒に対して完全な市民権が与えられるようになり、特にクエーカーに対しても、議員職や専門職に就くことや大学への入学が許されるようになりました。その結果、クエーカーは尊敬の念をもって見られるようになり、新たな目的意識も持つようになりました（こうしたことの必然として、彼らは時折優越感を感じることもありましたが、それはどういった社会的グループでも、存続する上で当然のことでしょう。もし違ったところや独自なところがないとすれば、一体それは存在する必要はあるのでしょうか）。ヴィクトリア朝後期には、イギリスのクエーカーは自分たちを「非国教徒のなかの非国教徒」の模範とみなし、そして、「帝国とともに、この世界を文明化する」立場にあると見るようになりました（Phillips, 1989, p. 53）。

6・4 20世紀のエキュメニズム

合衆国では、三つに分かれたクエーカー信仰（つまり、ヒックス派、ガーニー派、ウィルバー派）も、イギリスのクエーカーと同様に「この世界を受け入れる」ようになり、クエーカーの特異なあり方を捨て去り、社会的正義を実現するための運動でクエーカー教徒ではない人々と共同で活動する機会も増えてきました。エマ・マローン（Emma Malone, 1860-1924）やウォルター・マローン（Walter Malone, 1857-1935）のようなホーリネス系のガーニー派でさえ、この世に対してあまり慎重な態度で接することはなくなり、１８９０年代にオハイオ州のクリーブランドで社会悪を解決するための共同作業に完全に関わるようになりました。こうした作業に関わる多くのクエーカーは、仕事をこなす際に独特の恰好をしていましたが、彼らは孤立していたわけではありません。クエーカーがアメリカ合衆国の組織の傘下に自ら入っていくにつれて、彼らはエキュメニズムに関わるようになりました。

自由主義の団体であるＦＧＣ（Friends General Conference）と福音派のＦＹＭ（現在のFriends United Meeting）は、アメリカのエキュメニカルな団体に属し、また、世界教会協議会（ＷＣＣ）に加入しています。ノースカロライナのクエーカーであるアルジー・ニューリン（Algie Newlin）は、ＷＣＣの最初の中央委員会の委員でした。オハイオ年会が属する別の福音派団体であるＥＦＩ（Evangelical Friends International）は、全米福音協会（National Association of Evangelicals）の一部となっています。ホーリネス系のクエーカーの指導者であるエヴェレット・カテル（Everett Cattell, 1905-81）は、ワールド・エヴァンゲリカル・フェローシップ（World Evangelical Fellowship 世界福音同盟（World Evangelical Alliance）の前身組織）の議長を務めました。

同様に、ケニアのような世界の他の地域のクエーカーは、それぞれの国の教会協議会に属しています。またクエーカーは、メノナイトやブレザレンといった他の「歴史的平和教会」とともに平和問題に関する対話と証しの活動に参加しており、１９７５年には彼らと一緒に「平和構築のための新しい呼びかけ運動」（New Call to Peacemaking）を立ち上げました。この運動は拡大し、「すべての教会を平和教会に」といったよりエキュメニカルな他の活動を行うようになっています。

国際的には、クエーカーは１９１０年のエジンバラでの世界宣教会議（World Missionary Conference）に参加し、１９２８年のエルサレムと１９３８年のマドラス近郊での宣教会議にも参加しました。クエーカーはまた、１９１４年と１９２７年、そして、１９３７年の信仰と職制世界会議（Faith and Order Conference）、１９２５年と１７３７年の生活と実践世界会議（Life and Work Movement Conference）にも関わりました（１９３７年のＷＣＣの設立への提案につながったのが、これらの会議でした）。

クエーカーの内部では、エキュメニカルな主導権を握る団体として、１９３７年にＦＷＣＣ（Friends World Committee for Consultation）が設立されました。１９２０年には、イギリスのクエーカーが国内のすべての年会を招いて、平和に関する会議を開催しました。また、１９２０年代後半には、アメリカ・フレンズ奉仕団が——奉仕団自体が、年会レベルを超えた団体ですが——共同委員会（Fellowship Committee）を設置しました。この委員会が１９３７年にＷＣＦ（World

Council of Friends）を組織化し、このWCFで、FWCCが設置されました。FWCCはWCCのオブザーバーの地位にあり、クリスチャン・ワールド・コミュニオンズ（Christian World Communions）に代表者を送り込んでいます。多くの福音派の年会はFWCCに加入しておらず、彼らは純粋に福音派的な組織の方につながりを感じていますが、1970年にエヴェレット・カテルが、「クエーカーの未来」というテーマですべてのアメリカの年会を集めて、セントルイスで会議を開催しました。この会議のおかげで、多くの年会で対話が進みました。1986年のノースカロライナのグリーンズボロと2005年のイングランドのランカシャーで、18歳から30歳までの若いクエーカーを集めて二つの国際会議が開催されましたが、この会議はすべての伝統、すべての年会に対して開かれたものでした。

クエーカーは、1893年のシカゴでの第1回万国宗教会議に正式参加者として参加しました。キリスト教の枠組みを超えた宗教間の仕事も20世紀後半から徐々に増えていきました。アメリカ合衆国では、クエーカーが1960年代に禅仏教とキリスト教との会議や、ヒンドゥーとキリスト教との会議を開き、1993年には世界宗教会議の共同スポンサーにもなりました。イギリスでは、クエーカー・エキュメニカル委員会がその仕事の一部として、宗派間での共同作業はもちろんのこと、異宗教間での共同作業も進めています。

（クエーカーは）キリスト教会を超えた関係によって、他の信仰共同体との対話の機会を持つことになる。個々のレベルで、クエーカーは、長らく宗教間の対話に関わってきた。ブリテン年会は他の信仰共同体との対話という活動を続けてきただけではなく、宗教間の対話に内在する神学的問題、世界平和のための私たちの仕事との関係、宗教間での理解の促進、宗教間での対話によって相互に豊かになる可能性などについて評価できるようになった。（*Quaker Faith and Practice*, 1995: 9.21）

クエーカー・エキュメニカル＝インターフェイス委員会は、「エキュメニカル」の語源が「神のすべての民」という意味であることから、宗派間の対話を宗教間の対話に結びつけることが必要であり、それは望ましいのみならず、より厳密な意味でも正しいことであると論じています。ブリテン年会のなかでさえ、クエーカー自身がエキュメニカルな多様性を示していることを、この委員会は忘れているわけではありません。他の教会との結びつきを求めている組織のなかにさえ多様な神学的なあり方が存在するという問題については、次のケーススタディで詳しく考察してみたいと思います。つまり、20世紀におけるイギリスのクエーカーのエキュメニカルな関係についてです。

6・5　20世紀イギリスのクエーカーのエキュメニズム

１９８６年に、特に命ぜられたというわけではなく、イギリスのクエーカーたちは、ＷＣＣ

の文書、『洗礼、聖餐、職務（*Baptism, Eucharist and Ministry*）』（1982年、「リマ文書」と呼ばれる）に対する応答の作成にかなりの時間を費やしました（この応答は、『リマへ愛を込めて（*To Lima with Love*）』として同年に出版されました）。これは、クエーカーのエキュメニカル運動に対する自発的な関わりを示すと同時に、権威、洗礼、聖餐、そして宣教に関するクエーカーの独特な立場（彼らは、すべての人々が与ることができる内的経験として洗礼や聖餐の性質を強調しました）の概略を述べる文書を起草することで、教会一致の大きな感覚の醸成に貢献するものでした。しかしながら、20世紀の間に、エキュメニカルな団体としての正式な資格が問題視されるようになってきたのでした。

1939年と1940年に、イギリスのクエーカーは始まったばかりのWCCからの加盟の誘いを断りました。その理由は、WCCが信条を基盤とする団体であると、多くのクエーカーが感じたからでした。イギリスのクエーカーは、1920年代と1930年代、イギリス国内でエキュメニカルに活動してきましたが、特に1939年の国際親善と社会的責任のための教会会議（Commission of the Churches for International Friendship and Social Responsibility）に関わりました。1942年には、イギリス教会協議会（British Council of Churches）が形成され、イギリスのクエーカーは、正式会員として加盟しました。ただし、その加盟は、協議会の信条的傾向を受け入れることがなくとも参加してよいという「例外条項」付きのものでした。1964年に、イギリス教会協議会は、制度の見直しの一部としてこの例外条項を撤廃したため、イギリスのクエーカーは、準会員になることを選びました。

１９８０年代、「インターチャーチ・プロセス（Interchurch Process）」には、クエーカーは完全な会員として参加しましたが、この運動によって、ブリテン・アイルランド教会協議会（Council of Churches for Britain and Ireland）が設立されました。１９８９年には、イギリスのクエーカーは、教義に基づかない教会にも参加資格を認めるために起草された第2条項bのもと、正式会員として参加することに同意しました。ブリテン・アイルランド教会協議会の4部門のそれぞれが、第2条項bに従って、ロンドン年会（現在のブリテン年会）を会員として受け入れました。第２条項の規約は、次のようになっています。

伝統的に主義として教義的なものを持たず、それゆえ、（協議会の）原則にある信仰的声明に公式には署名することができない教会は、たとえそうであっても、もし原則に署名した諸教会の意に沿い、聖書で証しされているようなキリストに対する信仰を表明し、この新しいエキュメニカル団体の意図と目的に同意し、そして、原則にある精神に従って働きをなすつもりであれば、正式会員として申し込みを行ってもよく、また、会員として選ばれることがある。

その原則には、次のように書かれています。

ブリテン・アイルランド教会協議会は、聖書に従って、主イエス・キリストを神であり、救主であると告白し、それゆえ、ひとりの神、すなわち、父と子と聖霊からの召命に応えようとする、大英帝国および北アイルランド、また、アイルランド共和国の教会の団体である。(*Quaker Faith and Practice*, 1995: 9.09)

この会員資格は、1997年にブリテン年会によって再認されました。

上述の1989年のロンドン年会の決定は、論争を巻き起こすことになりました。というのは、教義的な一致を求めているように思えるこの新しいエキュメニカル団体の原則が、クエーカーがキリスト教において持つ特別な立場を傷つけていると感じた者もいたからです。ある人々にとっては、第2条項bは「単なる言葉」であり、連帯する精神以外の点は重要ではなかったのですが、他の人々にとっては、言葉は重要であり、原則はあまりに外的な事柄に焦点を置いていると思われたのです。三位一体をはっきりと否定するユニテリアンが加盟を認められなかったという事実によって、イギリスのクエーカーは、自分たちが参加している団体の性質に関して注意を促されることになりました(現代のイギリスのクエーカーは、ユニテリアンのようにはっきりとは三位一体を否定しませんが、かといって必ずしも認めるというわけではないからです)。このエキュメニカル団体は、イギリスのクエーカーの神学的現実について正しく認識しているのか、さらに別の人々は、キリスト教のエキュメニズムにまさに公に参画することによって、信仰に関する自由な態度(それが、彼らがロンドン年会に満足して属している理由なのですが）が脅かされるのではないかと感じました。また、ある人たちは、こうした不安があるにもかかわらず、エキュメニカル団体に加盟したことによってもたらされた事態に不満を抱いていました。加盟をめぐる議論において年会から離れる人が、賛成する人々の側からも、反対する人々の側からも出ました。もしブリテン・アイルランド教会協議会に加盟するのであれば、正式会員ではなく、協力会員に留まっていた方が多くのクエーカーを満足させたのかもしれません。

この問題は、ブリテン・アイルランド教会協議会に入った時期にも多少関係がありました。イギリスのクエーカーは、ちょうどその頃、どれくらいまで信仰に対して寛容であることができるのか、また、どういった信仰は避けた方がよいのかというデリケートな問題に関して議論していたからです。クリスチャン・クエーカーのなかには、排除されているような感覚を持つ者、もしくは以前の形態のクエーカー信仰を好む者もいる一方で、キリスト教の神学や考えを持たない他のクエーカーは、クエーカー信仰の中心点はどこにあるのか確信が持てないでいました（第5章を参照）。１９９７年、ブリテン・アイルランド教会協議会の会員の資格について再認した際には、ほとんど議論は起こりませんでした。この頃までには、他の教会がクエーカーの神学的な見解について間違って理解していないことが明らかになり、エキュメニカル団体に属することによって、様々な信仰的文化を取り扱うクエーカーの才力が影響を受けないと明らかになっていたからです。

地区のレベルでは、クエーカーはしばしば地域の教会協議会を立ち上げるのに貢献してきました。たとえば、1918年のマンチェスター近郊のボルトンの教会協議会などがそうです。ブリテン教会協議会が設立されると、地域の協議会は同じ制度を採用するようになり、地域のクエーカーの集会も、たいていの場合、1964年までは正式会員になっていました（その後は、協力会員になりました）。1989年以降は、自分たちが受容できるものになるように信仰契約の内容について交渉することが許された集会もありましたが、他の集会については、地域の教会協議会から除外されることもありました。

要するに、クエーカーの集会はそれぞれの地区のエキュメニカルな計画に参加してきた。そうした参加には、様々な責任や様々な程度での共同作業への参画が伴う。急速な変化の時代や難しいエキュメニカルな出会いにおいては、集会は参加するように招かれた新しい関係の意味するところをよく考えなければいけない。集会は、何かしらの公的な計画に参加しなければならないという義務はないし、ひとつの団体から別の団体に移る義務もない。教会内、および教会間で生じる新たな主導権争いによって、クエーカーは、聖霊の促しを探し求めつつ、慎重さと洞察力を発揮しなければならないことになる。我々は、未熟なまま集会に出席することについて慎重であらねばならないし、エキュメニカル団体の代表者として、ときにはノーと言う用意がなければならない。たとえそれが他の教会の期待にそぐわないとしてでもである。ともに巡礼する教会という概念に意味を与えるに際して、集会はそれぞれの地区の状況において、集会の一致に反することがなく、教会政治に関する私たちの理解と実践に、そして、クエーカーの証しと健全さに一致すると各自が判断する限りにおいて、エキュメニカルな道をさらに前へと、そして素早く進むことになるだろう。

(*Quaker Faith and Practice*, 1995: 9.20)

エキュメニカルな団体の正式会員になること以外にも、自由主義クエーカーが他の教会と協力体制を築くにあたって、そもそも二つの問題が存在するように思われます。ひとつ目は、キリストの再臨についての態度に関わります。二つ目は、第5章で見たように、神学に対する彼らの姿勢に関係します。

自由主義クエーカーの間で、現在ではキリストの再臨はめったに話題になることはありませんが、再臨に関する初期クエーカーのメッセージを見て、(そこで言われているような世界全体の変容にはいまだに至っていないという点で)もしかして初期クエーカーたちが間違っているのではという疑念を持つことがあります。そうした際でも、クエーカーは依然としてキリストの再臨の先頭に立つ者であり、キリストは到来しつつあると主張する人もいます。言葉を換えれば、クエーカーはキリストの再臨について語りはしないが、彼らはある種のゆっくりと実現しつつある終末(realizing eschatology)に関わっているというのです。神の時間は、結局のところ人間の時間と同じではなく、「瞬く間」(一コリ15章52節)であっても、人間にとっては350年以上かもしれません。だからといってこのことは、他の教会とともに、もしくはエキュメニカルに中間期を確《しか》として生きる他のクエーカーとの緊張関係を和らげることを意味しません。つまり、再臨を信じるこれらの自由主義クエーカーが取りえる立場は、真の教会の先頭に立つ者として、神の御心が明らかにされるときまで、神を信頼して開示されつつある再臨を主張するか、それとも他のすべてのキリスト者は依然として中間期の内にあると信じる点で誤っており、遅れを取り戻す必要があると、初期クエーカーのように主張するかです。こうした見解が提示されるとしても、それは非常に個人的なレベルでなされるか、通常は再臨の教えが話題になったときになされるかです。確かに、再臨に関する見解は、どのような『修養の書』にも記載されていません。

エキュメニズムが自由主義クエーカーにとって問題となるもうひとつの点は、第5章で「絶対的な不確実性」として言及したように、彼らが神学の必然的な不確かさについて強い確信を抱いているということです。クエーカーがときに沈黙は包括的な方法であると主張するように、その信仰は誰にでも開かれた様々な立場に寛容なものに見えるのですが、実際のところはそうではないのです。どういったグループも最終的に、もしくは完全に、もしくは全体的に神学について正しい判断を下すことはできないという彼らの考えは、真理だと思うものについて主張するすべての宗教的グループに対する直接的な批判・非難を意味しています。自由主義クエーカーの立場は、自分たちの神学が完全に真であると主張するグループと同じくらい排他的なのは確かです。なぜなら、どちらも自分たちの神学に関する見方こそが完全に真であるとみなしているからです。もちろん、他の教会がエキュメニカルな共同作業のために、たとえば、クエーカーやサクラメントに関する彼ら自身の見解を脇に置くのと同様に、クエーカーも再臨に関する自分たちの見解や神学の性質に関する明確な意見を脇に置いておきます。しかし、このことが実際に意味するのは、自由主義クエーカーはどのような教義的一致にも同意できず、そうした教義的一致を知的であるとも思わないということです。教義的な一致が持てないことから、エキュメニカルな共同作業の焦点は共同の証しへと移ることになります。なお、世界福音同盟に参加している福音派のクエーカーにとっては、共同の証しは当然のことですが、彼らの活動は共有の信念によって活気づけられたものになっています。

要約すれば、クエーカーは最初の10年間以降は、彼らが世に受け入れられていくにつれ、彼らも世を受け入れるようになり、何世紀もかけて、エキュメニカルな活動、宗教間の活動に次第に参加するようになりました。三つの伝統のクエーカーは、それぞれ別のエキュメニカル団体とつながっており、クエーカー内のエキュメニズム運動にも（それぞれ程度は異なりますが）関わっています。一般的には、社会的プロジェクトにおける共同作業がうまく行われているところでは、神学的な相違はあまり問題とはされません。

第7章 クエーカー信仰の未来

この章では、三つの伝統の重要な相違点についてまとめ、それぞれの伝統の未来について、そして、クエーカー全体の未来についての考察を始めたいと思います。

次ページの図表は、福音派、保守派、自由主義クエーカー、それぞれの重要なポイントについてリストアップしたものです。

第一の項目が示すものは、クエーカーが神を信じるための権威をどのように定義づけているかということです。福音派クエーカーは、聖書に第一の権威を置き、神からの啓示によってときにバランスを取っています。保守派クエーカーは、啓示を第一のものとしていますが、その啓示は聖書の証しによって検証されます。自由主義クエーカーは、経験のみを重視します。こうした立場の違いは、それぞれの伝統がどのように自分たちの信仰を形成し、規定しているかという点での相違につながります。第４章で見たように、自由主義クエーカーが自分たちの立場を規定するものは、教義ではなく、グループとしてともにやっていく仕方、すなわち、礼拝の形式や業務集

福音派、保守派、自由主義クエーカーの相違点

福音派	保守派	自由主義
聖書と霊的経験が第一	霊的経験が第一で、聖書は第二次的	経験が第一
信仰によって規定	信仰と形式(form)によって規定	方法(method)／形式(form)によって規定
キリスト者のアイデンティティが第一	「クエーカー」のアイデンティティが第一	「クエーカー」のアイデンティティが第一
キリスト者	キリスト中心	キリスト者、ポスト・キリスト教的、非人格神論者
実在論	実在論および半実在論	半実在論および非実在論
最終的で完全な全体的な真理は可能。神学は真理に関わるものであり、単なる物語ではない。	最終的で完全な全体的な真理は可能。神学は真理に関わるものであり、単なる物語ではない。	真理は、単に個人的で、部分的で、暫定的なもの。「神学」は、常に漸進的な活動。「絶対的な不確実性」の立場。
プログラムあり、もしくはセミ・プログラムの礼拝	プログラムなしの礼拝	プログラムなしの礼拝
牧師が活動的	職制としての指導職はなし	職制としての指導職はなし
感情を抑制。教会により異なる	感情を抑制	感情を抑制
キリスト教の宣教は救済のため	クエーカー信仰の範囲内にあることが救済に	クエーカー信仰を持つことは自由
性的道徳については伝統的な立場	性的道徳は伝統的立場とリベラルな立場の混合	性的道徳に関しては政治的リベラル
包含的	排他的？	排他的？

会の方法です。自由主義クエーカーにとっては経験が第一であることを鑑みるに、彼らのアイデンティティを規定するのはグループ全体が経験に達する仕方です。福音派クエーカーでは、彼らのクエーカーとしてのアイデンティティは主として教義によって表現されます。この教義から、彼らの礼拝の仕方や独特の証しが生まれます。たとえば、ケニアでは、正規の会員になるには二段階の教義的な審査が課されます。保守派クエーカーにおいては、独特な礼拝形式とクエーカー・キリスト教の独特な性質が、彼らのクエーカー信仰のあり方を規定しています。こうした様々なあり方が意味するのは、たとえば、世界的な会議などで彼らが一堂に会すると、彼らはしばしば自分たちの信仰の基盤となっているところから話を始めるということです。福音派クエーカーにとって、自由主義クエーカーが神学から距離を置く傾向にあること、信仰を周縁化し多元的な態度を取っていることは、福音派の信仰のまさに基礎部分に反することのように思われます。自由主義クエーカーにとって、福音派が礼拝を信仰の核心部とはみなさず、信仰に伴う実用的なものと捉えていることは、同じように違和感を覚えさせるものです。

それぞれの伝統の信仰を形成する基盤部分にある多様性は、神学における相違と神学に対する異なる姿勢からなっています。福音派のクエーカーは、たまたまクエーカーであるクリスチャンにすぎません。保守派のクエーカーは、クエーカーであり、かつクリスチャンです。自由主義のクエーカーは、何よりもまずクエーカーであり、彼らはクリスチャンや有神論者かもしれないし、クリスチャンや有神論者ではないかもしれない人々です。このように、中核となる信仰的なアイデンティティにも多様性があり、信仰の内容にも多様性があるのです。両方の意味で、クエーカーは非常に幅の広い信仰なのです。

たとえ神学が福音派、保守派、自由主義クエーカーによって共有できるものであるとしても、神学に対する姿勢はそういうふうにはいきません。クリスチャン・クエーカーは、三つのすべての伝統でそれぞれ居心地よく感じるかもしれませんが、それはどの程度、それぞれの伝統に属するクエーカーが自分たちの教義を明らかにするか、そして、どの程度、彼らが神学的な多元主義に寛容であるかによります。しかし一方で、第5章で見たように、神学的な見解の位置づけは三つの伝統においてそれぞれ非常に異なっています。福音派的な見方では、神学は、実際に存在する神についての真実であり、正確な言明です。こうした実在論的立場は、保守派の伝統においてもいくぶん見られますが、保守派のクエーカーはまた、神学を象徴的なものとも理解しています。自由主義の伝統では、経験されたことが事実ですが（たとえば、神や「神」、もしくは「神ではないが、何かしらのもの」）、その経験を叙述する言明は全体的に、もしくは完全に正確というわけではないのです。非常に一般的な用語は別として、神学的な意見はあくまで個人的な解釈なのです（人格神を否定する人々は、この場合は例外です。というのは、彼らは神が存在しないと「知っている」と主張するからです。言い換えれば、神はフィクションだという彼らの意見は完全に正確な神学的意見であると、彼らは主張するからです。その意味で、矛盾していますが、自分たちの非実在論的立場に関して実在的な見方をしているのです）。したがって、自由主義者にとって神学的見解は、真理の主張という点では個人的で、部分的で、暫定的な傾向を持つものであり、神学全体が「不確実な」性質を持つ活動で、究極的には決して完全に知ることも叙述することもできない何ものかに接近し続ける試みにすぎないのです。第5章で述べましたが、自由主義のクエーカーは神学に関して、絶対的な（道理から言って確実な）「不確実性」という「教理」を唱えています。一方で、福音派や保守派のクエーカーにとって神学的見解は不確実である必要はなく、どの時代でもどの人々にとっても真であるものを表します。

こうした違いは、礼拝においても存在します。第3章で見たように、神との直接的な出会いや神の霊的な導きを唱える神学は、依然として三つのすべての伝統の大部分に浸透しています。単に礼拝の方法が異なるというだけです。福音派の伝統では、牧師が礼拝について立案する手助けとして神の導きを求め、礼拝の間も聖霊の導きに従います。ほとんどのフレンズ教会では、礼拝のどこかの段階で、すべての信徒が内なる交わりを経験する機会が設けられ、それが礼拝の中心とみなされています。信徒の内なる交わりこそが、礼拝中の他のすべての事柄が収斂し、それらの事柄によって集会が向かうように備えられる目的です。セミ・プログラムの集会では、プログラムされた要素と「誰にでも開かれた礼拝」のために十分な時間が取られています。保守派と自由主義の伝統では、牧師はおらず、通常の沈黙の礼拝以外にプログラムされた礼拝的な要素はありません。そして、長老は話をすることによって（もしくは話をしない形で）礼拝に貢献します。言い換えれば、保守派と自由主義の伝統では、神との出会いと交わりの経験に主に焦点が置かれているのです（プログラムされた要素を用いることで、人々をそうした経験に備えさせるのではなく）。こうした誰にでも開かれた自由で最小限の礼拝形態は、はっきりしたリーダーシップを必要としません。これら二つの伝統で給料をもらうスタッフがいる集会もありますが、彼らはその地区の集会（local meeting）のために働くのではなく、主としてすべての集会（all the Meetings）に貢献するために働いています。牧師のいる集会では礼拝のスタイルはその地区に特化したものになり、牧師が変わると、礼拝の傾向も変わり、別の指導者に満足するようになります。この点に関する変化のひとつは、たとえば、音楽の選択次第で、牧師によって外的な表現や感情の表出が奨励されることです。保守派や自由主義の伝統では、極端な表現はまれです。沈黙は共同体的な活動ですが、集会での発言は個人的なものです。それは、視覚的・身体的表現ではなく、主として声によって行われます。

宣教活動は、福音派の信仰にとって重要なものです。救済は潜在的には万人のもので、人間に対するキリストの愛にはキリスト者の側の応答が必要であり、その意味でキリスト者はキリスト教信仰をもっと広げる努力をしなければなりません。マタイによる福音書28章16―20節のキリストの宣教命令の言葉から、このことは明らかです。保守派クエーカーの信仰では、救済について福音派ほどには語られませんが、救済は依然として信仰の中核部であり、万人にその可能性があるものと考えられています。しかしながら、すべての伝統のクエーカーにおいてそうであるように、彼らは自分たちこそが唯一の真の教会を代表する者という考えはもはや捨て去り、その宣教活動や救済活動も限定されています。自由主義クエーカーに関して言えば、彼らは救済についてはほとんど語ることはなく、宗教の目的について異なった見方をしています。宗教は本質に関わるものではなく、役に立つものと考える人もいます。他の自由主義クエーカーは、他の教会に居心地のよさを見出すこともありますし、他の宗教や無宗教にそうした感情を抱くこともあります。救済活動は、広報活動を通して行われます。つまり、クエーカーという選択を示すことによって行われますが、非常に目立たないものです。他の人々を改宗させようという試みもなされません。

「福音派の信仰」と「プログラムのない礼拝」に必然的な関係はなく、「自由主義の信仰」と「プログラムなしの礼拝」にも必然的な関係はないのと同様に、「福音派」自体と「政治的保守派」（聖書を文字通り読むことは別として）には必然的な関係はなく、「自由主義のクエーカー信仰」と「政治的自由主義」には必然的な関係はありません。ですが、どちらの伝統もそうした方向に分かれる傾向があります。特に性道徳の問題に関してはそれが当てはまりますが、福音派は同性愛や中絶の問題で意見が分かれています。保守派は、政治的見解については非常に多様ですが、結婚と一夫一婦制という聖域を維持しようとする傾向があります。一方で、自由主義クエーカーは、性道徳についてはより多様な態度を取っています。自由主義の伝統にとって大事なことは、性的関係の形態ではなく、その関係性から何が実るかということです。自由主義者は、中絶や同性愛に関して特定の見方をしていませんが、多くのレズビアンやゲイは、自由主義の伝統に霊的な慰めの場を見出してきました。他の生活様式に関しては、クエーカーは伝統を超えて共通の基盤を見出すことができます。たとえば、消費を簡素にすること、誠実さを維持すること、環境に対して配慮することなどです。

福音派のクエーカー信仰は、結局のところ、他の伝統よりも開放的です。福音派は、たとえ開放的であることによってクエーカーの伝統の何らかの側面から離れることになったとしても、すべての人々を求め、誰でも歓迎します。クエーカーのアイデンティティを第一とする保守派クエーカーと自由主義クエーカーはより排他的で、クエーカー信仰を正しい道と思う人々を受け入れますが、宣教にはほとんど力を入れることはありません。これら二つの伝統は、それぞれ別の方法で、特徴的なクエーカー的信仰を保持しています。彼ら（保守派や自由主義クエーカー）は、伝統的なクエーカーの用語を使用し、そして、他の教会とはまったく異なる方法で礼拝を守っています。彼らは、福音派の伝統が取った教派的なアプローチとは違って、分派（セクト）的な傾向があります。宣教に対する強調の程度の違いや彼らの排他的性格は、1940年から2000年の間に生じた世界のクエーカー信仰の構成の変化を見ることで明らかになります。

1940年、世界中で15万7800人のクエーカーがいました。2000年には、この数字は33万8000人にまで増加しました。次頁の棒グラフが示す通り、数字上の大きな変化は中南米とアフリカで、これらの地域は福音派クエーカーの新しい拠点になっています。北アメリカとヨーロッパで信徒数が減少していますが、それを差し引いても、全体として、中南米とアフリカでの増加が世界でのクエーカーの増加につながっています。現在のところ、これらの地域

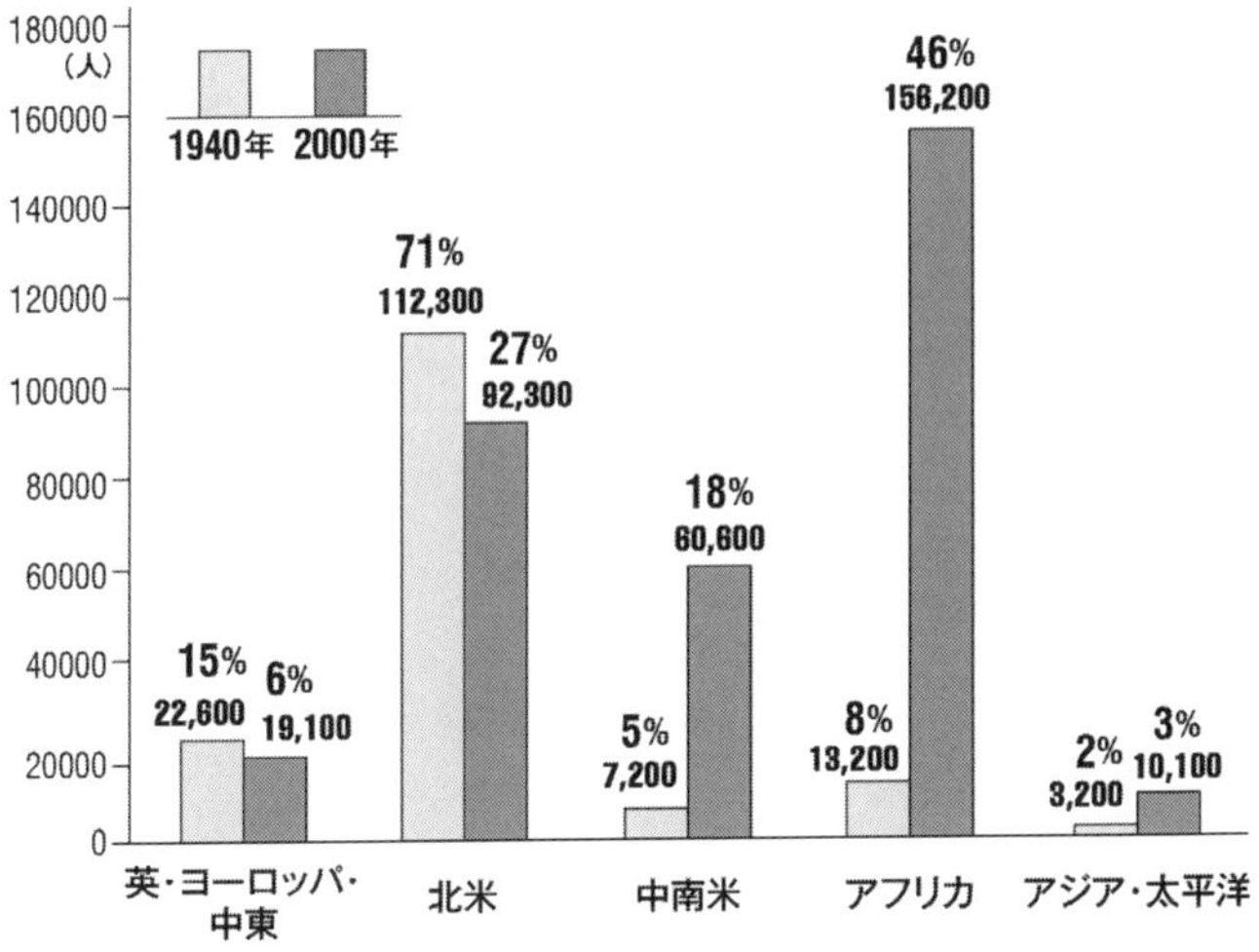

1940年と2000年の世界のクエーカーの比較

の年会からの宣教活動が続いているため、これからも信徒数が増加することが見込まれます。これらの数字はまた、クエーカーの主要地域の地理的変化のみならず、プログラムありの集会に属するクエーカーの割合がかなり増加していることを示しています。２０００年現在、83パーセントのクエーカーが、プログラムありの礼拝を守る年会に属しています。たった９パーセントだけがまったくプログラムなしの礼拝を守る年会に属し、８パーセントが自由主義と福音派の上部組織（ＦＧＣとＦＵＭ）のどちらかに関係を持っている人々です。自由主義クエーカーの信徒数は、世界中で減少し続けています。たとえば、イギリスではクエーカーの集会は４７２カ所ありますが、公式の会員の数は20世紀から落ち込み、１９５８年には約２万２０００人の信徒がいましたが、２００６年には約1万５０００人にまで減少しています。

１９４０年、北アメリカのクエーカーは世界中のクエーカーの71パーセントを構成していましたが、２０００年にはその割合は27パーセントになっています。北アメリカとヨーロッパのクエーカーは、合わせて全体の三分の一程度にすぎません。こうした減少傾向は、クエーカーの伝統が北アメリカやヨーロッパの年会から伝えられたことや、過去においてこれらの古い年会に与えられていた地位を鑑みるに、注目すべき展開だと考えられます。しかし、依然として今日でもクエーカーの職員や施設の大部分は北アメリカとヨーロッパに配置されており、そして、クエーカーの出版物の大部分も、北アメリカとヨーロッパで、英語で出されています（クエーカーの出版物の多くが、スペイン語に翻訳されています）。しかし、現在の成長率で考えると、クエーカーの多数派はまもなくアフリカ人、特にケニア人になることでしょう。現在のところ、アフリカのクエーカーは15万６０００人で、ケニアでは13万３０００人以上です。

福音派クエーカーの宣教団は世界中に進出しており、フィラデルフィアのようなプログラムなしの集会がたくさん集まっている場所でさえ、フレンズ教会を設立する働きをなしています。キリスト教の宣教という視点ではなく、クエーカー信仰の刷新という視点から見るならば、もし活用できる資源が揃えば、アフリカのクエーカーの宣教団が他の地域のクエーカーのところに宣教に出かけることも期待できるでしょう。実際、世界のクエーカーの指導者は、将来アフリカ出身者や中南米出身者が増加するでしょう。その際に生じるであろうことは、真のクエーカー信仰を構成するものは何かということに関するさらなる議論です。というのも、歴史的に見て、新しい年会や（ロンドンやフィラデルフィアといった）伝統的なクエーカー信仰の中心地から離れた場所にいる信徒が革新的なことをなす場合が多いからです。しかし現段階では、白人のクエーカーが黒人のクエーカー、特に異なる礼拝の伝統に属する人から学ぼうという意志があまり見られないことなど、利用できる資源の差がまだまだ大きいと言えます。

このことは、自由主義と保守派のクエーカーはすでに信徒数が少なく、分派的な少数派になる可能性があるということ、大多数の世界のクエーカーの仲間になることには積極的ではなく、神学的相違から、自由主義と保守派の間でさえ連帯する可能性が低いということを意味するのかもしれません。しかし、保守派のクエーカーは、オハイオ年会が霊的な孤独感に苛まれている人々（自由主義の年会に属する人々であることが多いですが）を準会員にすることで、このところ世界中で勢力を拡大しており、現在では、オハイオ年会にはヨーロッパや他の地域の会員もいます。また、ノースカロライナの保守派は、近年、自由主義的な雰囲気を帯びるようになっています。というのは、ノースカロライナ年会はプログラムのない集会を守る保守派の地区を統括していますが、この地域に引っ越してきた自由主義クエーカーがそうした集会に惹かれて加わるからです。しかしながら、ノースカロライナ年会は、依然としてしっかりと保守派の伝統に立っています。

もし自由主義クエーカーが神学的に多様化し続け、キリスト教の基盤から離れ続けるとすれば（もしくはそのどちらかであるならば）、クエーカーの伝統とのつながりは、礼拝形式、証し、歴史的関連性、そして、名称の点だけになるでしょう。制度化された教会からの「避難民」と自らをみなす人々の多くが会員になり、集会出席者の半数が宗教的な志向を特に持たないような状況では、主として福音派が占める世界のクエーカーの仲間になりたいという傾向は低くなります。さらにもし集会の思考枠が超越的なものから主観的なものへ移行するならば、こうした形態のクエーカー信仰は、宗教的世界というよりも、社会学者であるポール・ヒーラス（Paul L. F. Heelas）とリンダ・ウッドヘッド（Linda Woodhead）が「ホリスティックな領域／霊性の世界（holistic milieu）」と呼ぶもののなかのひとつの選択肢にすぎなくなるでしょう。言い換えれば、この形態のクエーカー信仰は、ますます人間の主観性に基づくようになるということです。こうした立場は、ヨーロッパの信仰心に非常に適合するもので、宗教人口の減少を食い止めることができるかもしれません。しかしながら、研究から、人間中心の霊性の信仰形態に魅了される人々は宗教組織に属さない傾向があるということが明らかとなっています。形式にこだわり、その形式を叙述するために使われる特殊な用語という点から見れば、自由主義クエーカーは依然として分派のように思えます。

しかしながら、自由主義クエーカーにも宗教的な刷新が起きつつある兆候が見られます。ベンジャミン・ロイド（Benjamin Lloyd）の著書（2007）やクエーカー・クエスト（Quaker Quest ロンドンで始まったクエーカー信仰についての一般講演のプログラム）のような運動は、自由主義クエーカー信仰の力強さと、その霊的核心部を切り詰めようとすることに対する拒否感を明瞭に示しています。第5章で見たように、自由主義クエーカーの信仰は非常に多様ですが、そうした多様性に関する分析のいくつかは、多様な信念が見えづらくなっていることに関わるものであり、そして、そうした見えづらさがより多くを共有したいと願っている人々を心配させる原因になっていることを示しています。こうした類いの新しい流れは、恐れずに言うならば徹底的な有神論的アプローチを表しており、このことは、自由主義クエーカー信仰の変化の度合いについて譲れない一線を描き出し、派内の人々やこれから加入しようという人々に、何が神学の中心となるのかについてはっきりした感覚を与えることになります。雑然とした信念の状況とそうした信念が他の人々にも伝わることによって、自由主義の宗教グループは特に脆弱になると見られてきましたが、自由主義クエーカーの近年の傾向はそうした二つの危険に対抗する力を見せるようになっており、そのおかげで人々は沈黙の礼拝に心地よく参加し、また、あまり神学的に突き詰めすぎることなく有神論の枠内で信仰を追求することができるようです。１９６０年代に映画に行くことがなくなると予想した人々と同様に、最終的な衰退を予想するグラフは（たとえば、イギリスのクエーカーは２０３２年までに消滅すると言われています）、過剰に決定論的なものだったと分かることでしょう。

福音派のクエーカーにとって問題となっていることは、特殊なクエーカー的あり方を維持するのか、それとも主流派の典礼の表現や証しを採用するのかということであり、また、宗派臭を前面に出さない地域の教会になるのか、それとも主流派のような教会になるのかということです。カリフォルニアにあるヨーバリンダ・フレンズ教会は、急成長を続けるフレンズ教会のひとつですが、毎週３５００人以上の礼拝出席者がおり、近隣に複数あるショッピングモールから教会に向かうバスを運行しているほどです。しかしながら、この教会では「クエーカー」という言葉は以前と比べてあまり用いることがなく、また、洗礼も年４回実施しています。これは、フレンズ教会というと、自由主義クエーカーが連想されるためであり、また、教会の入り口に「クエーカー」という言葉があると、分派的な特異性、つまり、（震えよりも）沈黙の礼拝が思い起こされるからです。すでに述べたように、こうした教会のなかには、水による洗礼を行ったり、ときには外的な聖餐式を実施したりするところも存在します。こうしたこと自体が、クエーカー信仰の核心部や共通理解――たとえば、神との内的な交わり――を損なうものかもしれません。ですが、もっと重大で、おそらく最も重要な問題は、クエーカーの証しのいくつかの側面、特に反戦の証しをめぐるものでしょう。神との内的交わりとともに、反戦の証しがフレンズ教会の共通理解から失われるとすれば、これらの教会が主流派のプロテスタントの教会へと変わるのを躊躇させるものは何も存在しなくなります。アメリカ合衆国では、福音派クエーカーの数は増加していませんが、どのように自分たちの信仰を提示するのかという点で、この種のクエーカー信仰が分派的な立場を維持するか、教派的な立場に移行するかについて激しく論議が交わされています。

個々の教会の問題を超えて、福音派クエーカーは中絶の問題や、特に同性愛の問題でも意見が分かれています。同性愛の人々も教会員として認めよう、もしくは同性婚も祝おうといういくつかのフレンズ教会の思いが、分裂や教会員の脱会に至ることもありました。また当然ながら、こうした問題は、福音派クエーカーと自由主義クエーカーの距離感をさらに広げることにつながっています。

クエーカー信仰全体は、信徒数の面では健全に成長を続けています。もし現在の成長率が維持されるならば、50年後の世界のクエーカーの大多数は、アフリカのクエーカーになることでしょう。一方で、ヨーロッパや北アメリカの世俗化によって、特に自由主義の傾向は、それがどれほど非宗教的な文化環境に適応するかに応じて減少することになるでしょう。現在のところ、世界のクエーカー全体に共通する四つの側面が昔から変わらず残っています。それらの側面とは、以下の四点です。

（1）神との直接的な内面での出会いと啓示が信仰の中心であること。そしてそうした体験が得られるような礼拝形式となっていること。
（2）神からの直接的な共同の導きという考えに基づいて、教会の業務を多数決ではなく、神からの共同体への直接の導きによって行うこと。
（3）すべての人が霊的に平等であることと、「万人祭司」の考え。
（4）ある程度は万人祭司の考えに基づいて、戦争を支持せず平和を好み、平和主義の立場を取っており、また、様々な社会的な証しとして活動を献身的に行っていること。

神との直接の交わりの経験、霊的な平等性、そして、万人救済の信仰に基づくクエーカーの証しはこれからも続いていきます。特に平和の証しは、クエーカーの名において続いていきます。そして、クエーカーは、独特の典礼形式と社会的証しを通して、クエーカーの初期の指導者たちが目前にあると感じていた神の国のために現在も働く特異なグループであり続けるのです。

訳注

（1）この点に関しては、当時の時代背景を考慮しなければ理解できません。革命期イングランドでは前千年王国説（pre-millennialism）が時代意識としてピューリタンたちによって共有されていました。そのため、（ピューリタン左派に属する）初期クエーカーは、時代が完成へと至る今この瞬間における人間の完成（完全）を熱心に説いたのです。

（2）当時のカルヴァン派の信仰基準である『ウェストミンスター信仰告白』、および大小の『教理問答』によれば、神の啓示はもはや終わっており、聖書こそが神の啓示の最終形態であるとの考えでした。それに対して、クエーカーは、啓示は今現在も続いていると主張していました。

（3）初期クエーカーが投獄された理由の多くは、十分の一税に対する反対や裁判での宣誓の拒否、そして、国教会の聖職者なしに結婚式を行ったことなどです。王政復古後は、一連の非国教徒弾圧法（クラレンドン法典）などに抵触するということで投獄されました。

（4）欽定訳聖書では、"Behold, I stand at the door, and knock: if any man hear my voice, and open the door, *I will come in to him*, and will sup with him, and he with me." となっています（強調訳者）。

（5）　クエーカーは、礼拝を守る場を「教会」ではなく、「集会所」と呼びましたが、自分たちの集会こそが「真の教会」だとみなして、「教会」という用語も用いています。

（6）　彼らが言葉を出すことに煩悶したのは、それが本当に神の言葉かどうか、そして、それを語ることが適切かどうかという点で判断がつかなかったり、勇気がなかったりしたからです。

（7）　神の導きによって正しい価格を定めることができるということで、定価を設けて商売したのは、クエーカーが最初と言われています。

（8）　現在のイギリスの四大銀行のうち、二つの銀行（バークレイズ銀行とロイズ銀行）は、もともとはクエーカー系の銀行です。

（9）　クエーカーの平和主義は、信徒を拘束するようなドグマ的なものではありませんでしたので、戦争に参加した者も少なからず存在します。

（10）　後ほど詳しく見ることになりますが、19世紀初め頃に、クエーカーは、ヒックス派（後の自由主義）、ガーニー派（後の福音派）、ウィルバー派（後の保守派）という三つの伝統に分かれました。その後、それぞれの伝統のなかでさらなる分裂が進んだり、分裂したグループが他の伝統に加わったり、新しい考えが入り込んだりして、現在の三つの伝統になりました。

（11）　初期クエーカーの神学的立場は、キリストの死によって神からすべての人に内なる光が与えられている、その光の働き（神からの働きかけ）に応えるならば、その人は救いに与ることになる、というものでした。一見、彼らの主張は万人救済論のように見えますが、神の働きかけに応えるのは、アルミニウス主義者が言うような自発的意志（voluntary will）によるのではなく、信仰さえも求めないほどの自己否定において与えられる神の恵みを通してでした。つまり、自己の心の声を空しくすること（自己否定）によって神の恵みとしての声を聞く人が救いに与ることができるという点で、初期クエーカーの立場は、可能性としては万人救済論であっても、現実にはそうではありませんでした。

（12）初期クエーカーの完全論については、訳注1を参照。

（13）内なる光は、自由主義クエーカーを除いて、伝統的には聖霊の働きと同一視されてきました。内なる光は、他にも"the Light of God", "the Light of Christ", "the Light within", "the Seed of God" など、様々な形で呼ばれます。

（14）クエーカー法は王に対する宣誓を強制する法で、イエスの教えに従って、クエーカーは宣誓を行いませんでしたので、多くの者が投獄されました。

（15）自由主義的クエーカー史観では、バークレーの神学が原因となって18世紀の膠着《こうちゃく》した静寂主義が生じたとの批判がなされることが多いですが、後ほど見るように、問題はそれほど簡単なものではありません。ここで述べられていないこととしては、１６８９年の寛容法の制定の前後に、厳しい迫害や差別のために、また外部との論争のなかで、対外的な印象をコントロールするために規律が整備され、神学が修正されていった面があります。

（16）革命期前後に時代意識として、クエーカーを含むピューリタンたちに共有されていた前千年王国説も、王政復古期には後退し、結果として、クエーカーの完全論も瞬間的なものではなく、「成長」を伴うものと理解されるようになったわけです。

（17）17世紀のマサチューセッツ湾岸植民地の会衆派も同様の問題に陥りました。回心体験を得ることができない第二世代、第三世代を教会員として受け入れるかどうかという問題を解決するために出された妥協案が「半途契約（Half-Way Covenant）」という考えでした。キリスト者の子ども世代、孫の世代もキリスト者として教会に受け入れるが、陪餐会員としては認めないというものです。その結果、信仰の世襲化が進み、教会は停滞しました。

（18）"For the grace of God that bringeth salvation hath appeared to all men, Teaching us that, denying ungodliness and worldly lusts, we should live soberly, righteously, and godly, in this present world; Looking for that blessed hope, and the glorious appearing of the great God and our Saviour Jesus Christ; Who gave himself for us, that he might redeem us from all iniquity, and *purify unto himself a peculiar people*, zealous of good works."（欽定訳、強調訳者）

（19）初期クエーカーの救済論では、義認と聖化は同一の過程であるとみなされていました。つまり、キリスト者は義とされるのみならず、実際に正しい者となるということです。訳注16でも書きましたが、王政復古後の穏健化されたクエーカー信仰では、こうした理解に段階的な「成長」という概念が加わりました。

（20）ここで、イギリスとアメリカのクエーカーの流れについてもう一度おおざっぱに確認しておきたいと思います。イギリスのクエーカーは、17世紀が初期クエーカー（および王政復古後に穏健化したクエーカー）、18世紀が静寂主義、19世紀が福音主義、そして、20世紀が自由主義とおおまかに分けられます。アメリカでは、（18世紀まではイギリスと同様でしたが）19世紀初頭に信仰復興運動の影響から正統派とヒックス派の分裂が生じ、その後さらに、正統派内部で福音派と保守派の分裂が生じて、現在の三つの伝統、つまり、自由主義、福音主義、保守主義に連なる流れができました。

(21) 非国教徒が公職に就くことを禁じた審査法（Test Acts）が廃止されたのが１８２８年で、大学改革によって非国教徒も正規の学生として大学へ通えるようになったのが、19世紀後半からでした。

(22) 本文13―14頁を参照。

(23) 「見よ、わたしがイスラエルの家、ユダの家と新しい契約を結ぶ日が来る、と主は言われる。この契約は、かつてわたしが彼らの先祖の手を取ってエジプトの地から導き出したときに結んだものではない。わたしが彼らの主人であったにもかかわらず、彼らはこの契約を破った、と主は言われる。しかし、来るべき日に、わたしがイスラエルの家と結ぶ契約はこれである、と主は言われる。すなわち、わたしの律法を彼らの胸の中に授け、彼らの心にそれを記す。わたしは彼らの神となり、彼らはわたしの民となる。そのとき、人々は隣人どうし、兄弟どうし、『主を知れ』と言って教えることはない。彼らはすべて、小さい者も大きい者もわたしを知るからである、と主は言われる。わたしは彼らの悪を赦し、再び彼らの罪に心を留めることはない。」（新共同訳、強調訳者）

(24) 分かち合われた言葉は、感話（message）と呼ばれます。読んで字のごとく、神の働きを感じて、それに導かれる形で語られた言葉のことです。

（25）「だから、あなたがたは、このパンを食べこの杯を飲むごとに、主が来られるときまで、主の死を告げ知らせるのです。」（新共同訳）

（26）現在の沈黙の礼拝の時間は、1時間ほどです。

（27）プログラムなしの礼拝とは、沈黙の礼拝のことです。プログラムありの礼拝とは、牧師が存在し、説教や賛美歌、祈祷のある形態のことです。

（28）クエーカーの業務集会では、多数決は用いられません。礼拝形式で沈黙の内に神の御心を見分けようとし、感話の形で意見を述べ、そして最終的に集会全体が一致するまで祈りの内に待ち続けるのが、彼らの合意形式です。

（29）バークレーによれば、人間の心の機能である理性や意志による言葉や行動は悪魔によって支配される可能性がありますが、自己否定を通した「沈黙」は悪魔が入り込むのが難しいとされます。その理由は、「自己（self）」は、悪魔の活動しやすい場だからです。

（30）初期クエーカーの指導者で、第一世代にあたるジョージ・ホワイトヘッド（George Whitehead, 1636-1723）は、外部との論争のなかで（特にクエーカーから英国国教会に改宗したジョージ・キース（George Keith, 1638/9-1716）との１６９０年代の論争のなかで）、正統派的な神学を打ち出すようになりました。彼の文書には、１６５０年代からはっきりとした三位一体論が見られます。

（31）『修養の書』は、各時代の各年会が独自に作成するものであり、定期的に改訂されます。

（32）ルーファス・ジョーンズは、もともとリニューアル／モダニストのグループに属する福音派クエーカーでしたが、ジョン・ウィルヘルム・ラウントリーとの出会いから、自由主義クエーカー信仰を確立するために尽力するようになりました。

（33）日本のクエーカーは自由主義クエーカーですが、「自分たちの信仰は初期クエーカーと同じ」というルーファス・ジョーンズの思想を受け入れています。かつ、ジョーンズの思想に基づいて従来の日本のクエーカー研究者もそう考えています。しかし、実際には、自由主義クエーカーはそれまでのクエーカーとはまったく違うものです。

（34）信仰の海運動は、ドン・キューピットの著作『信仰の海（*The Sea of Faith*）』（１９８８年）で主張された「人間の創造（human creation）としての宗教」という見解について議論・探求する新しい宗教活動のこと。なお、「信仰の海」という名称は、引き潮のように消え去りゆく従来の信仰について嘆くマシュー・アーノルド（Matthew Arnold, 1822-88）の有名な詩『ドーヴァー海岸』のなかに出てくる言葉に由来します。

（35）クリスチャン・クエーカーは、自分自身の信仰についての確信ではなく、キリスト教信仰の内容が問題となっていると考えますが、実際問題となっているのは、キリスト教信仰の内容いかんではなく、神学に確信を持っていることです。その点で、クリスチャン・クエーカーは、誤解しているのです。

参考文献表

Robert Barclay, *Apology for the True Christian Divinity* (Glenside, Pennsylvania: Quaker Heritage Press, 2002[1678]).

Richard Bauman, *Let Your Words Be Few: Symbolism of Speaking and Silence amongst Seventeenth-Century Quakers* (Cambridge: Cambridge University Press, 1983).

David Boulton, *The Trouble with God: Religious Humanism and the Republic of Heaven* (Hampshire: John Hunt Publishing, 2002).

William C. Braithwaite, *The Beginnings of Quakerism* (London: Macmillan, 1912).

Edward Burrough, *A Trumpet Sounded Forth Out of Sion* (London: Giles Calvert, 1656).

Kathryn Damiano, 'On Earth as it is in Heaven: Eighteenth-Century Quakerism as Realized Eschatology', unpublished PhD thesis, Union of Experimenting Colleges and Universities, 1988.

Richard S. Dunn and Mary M. Dunn (eds), *The Papers of William Penn, Volume Two, 1680-1684* (Philadelphia, PA: University of Pennsylvania Press, 1982).

Faith and Practice—Book of Discipline of the North Carolina Yearly Meeting (Conservative) of the Religious Society of Friends (NC, 1983).

Faith and Practice, North Pacific Yearly Meeting of the Religious Society of Friends (Corvallis, OR, 1993).

Faith and Practice of Evangelical Friends Church Southwest (Whittier, CA, 2001).

Faith and Practice: A Book of Christian Discipline, Northwest Yearly Meeting of Friends Church (Newberg, OR, 2003).

Margaret Fell, *A Brief Collection of Remarkable Passages and Occurrences Relating to Margaret Fell* (London: J. Sowle, 1710).

George Fox, *Works*, vol. 8 (State College, Pennsylvania: New Foundation Publications, 1990).

Joseph J. Gurney, *A Peculiar People: The Rediscovery of Primitive Christianity* (Richmond, Indiana: Friends United Press, 1979; transcript of *Observations on the Distinguishing Views and Practices of the Society of Friends*, seventh edn, 1834).

Douglas Gwyn, *Covenant Crucified: Quakers and the Rise of Capitalism* (Wallingford, Pennsylvania: Pendle Hill, 1995).

Thomas D. Hamm, *The Transformation of American Quakerism: Orthodox Friends 1800-1907* (Bloomington: Indiana University Press, 1988).

Jonathan Hewitt (1990), 'Embracing Uncertainty', *The Friends* (1990), 148, pp. 757-8.

Rufus M. Jones, *The Later Periods of Quakerism*, 2 vols (London: Macmillan, 1921).

Daniel Leichty, *Theology in Postliberal Perspective* (London: SCM, 1990).

Benjamin Lloyd, *Turnaround: Growing a Twenty-First Century Religious Society of Friends*, Pendle Hill Pamphlet 387 (Wallingford, Pennsylvania: Pendle Hill, 2007).

Charles Mylander (ed.), *Welcome to Friends* (Whittier, CA: Evangelical Friends Church Southwest, 2004).

John Nickalls, *The Journal of George Fox* (Cambridge: Cambridge University Press, 1952).

Brian D. Phillips, 'Friendly Patriotism: British Quakerism and the Imperial Nation, 1890-1910', unpublished PhD thesis, University of Cambridge, 1989.

John Punshon, *Letter to a Universalist*, Pendle Hill Pamphlet 285 (Wallingford: Pennsylvania: Pendle Hill, 1989).

Quaker Faith and Practice: The Book of Christian Discipline in the Yearly Meeting of the Religious Society of Friends (Quakers) in Britain (London: Britain Yearly Meeting, 1995).

Barry Reay, *The Quakers and the English Revolution* (London: Temple Smith, 1985).

The Quaker Way (London: Quaker Home Service, 1998).

To Lima with Love. Baptism, Eucharist and Ministry: A Quaker Response (London: Quaker Home Service, 1986).

Dorothy White, *Friends, you that are of the Parliament, hear the word of the Lord* (1659).

Dorothy White, *A Call from God out of Egypt* (1662).

読書案内

イギリスのクエーカー関連の主要な図書館は、ロンドンのフレンズハウス、バーミンガムのウッドブルック・クエーカー・スタディー・センターにあります。アメリカ合衆国では、フィラデルフィア郊外にあるスワスモア大学とハバフォード大学の有名な歴史図書館、インディアナ州リッチモンドのアーラム大学、ノースカロライナ州のグリーンボロにあるギルフォード大学、オレゴン州のニューバーグにあるジョージ・フォックス大学にもクエーカーの図書館があります。

主要なクエーカー関連図書の販売業者には、ロンドンのフレンズハウスのクエーカー・ブックショップ、ペンシルバニアのウォーリングフォードにあるペンドルヒル・ブックストア、フィラデルフィアにあるFGC・クエーカー・ブックス、インディアナ州リッチモンドにあるFUM・ブックストアがあります。これらの販売業者は、オンラインのカタログでの通信販売を行っています。

アメリカ合衆国で発行されている二つの学術誌は、*Friends Journal* と *Quaker Life* です。イギリスでは、独立系のクエーカーの機関誌として、*The Friend* が毎週発行されています。

一般向けの読み物としては、集会所にあるリーフレットをご覧ください。年会の信仰や実践について知りたい場合は、それぞれの地区の『修養の書』、もしくは『信仰と実践（*Faith and Practice*）』を手に取ってみてください。これらの書は、クエーカー教徒のために書かれたものであるため、内輪言葉が含まれているかもしれず、おそらく新しく集会に来た人の役に立つものというより、集会の管理上の詳細について書かれたものでしょう。しかし、その点で、その地の年会のクエーカー信仰の傾向がはっきり分かるはずです。

クエーカーの歴史と思想についてのお勧めのペーパーバックは、以下です。

Marge Abbot et al., *The A-Z of the Friends (Quakers)* (Scarecrow Press, 2006).

Michel Birkel, *Silence and Witness* (Orbis Books, 2004).

Will Cooper, *A Living Faith: A Historical and Comparative Study of Quaker Beliefs* (Friends United Press, 2001).

Pink Dandelion, *Introduction to Quakerism* (Cambridge Unviersity Press, 2007).

John Punshon, *Portrait in Grey: A Short History of the Quakers* (Quaker Books, 2006).

Walter Williams, *The Rich Heritage of Quakerism* (Barclay Press, 1989).

Thomas D. Hamm, *Quakerism in America* (Columbia University Press, 2003).

Hamm の本では、北アメリカにおける現代のクエーカー信仰の三つの流れについて詳細な議論が展開されています。

初期クエーカーに関する、現在でも手に入るお勧めの書籍は、以下です。

Hugh Barbour and Arthur Roberts, *Early Quaker Writings 1650-1700* (Pendle Hill, 2004).

Richard Bauman, *Let Your Words Be Few* (Quaker Home Service, 1998).

Douglas Gwyn, *Apocalypse of the Word: The Life and Message of George Fox, 1624-1691* (Friends United Press, 1986).

———, *Covenant Crucified: Quakers and the Rise of Capitalism*(Quaker Books, 2006).

———, *Seekers Found: Atonement in Early Quaker Experience* (Pendle Hill, 1995).

Rosemary Moore, *The Light in Their Consciences: The Early Quakers in Britain 1646-1666* (Pennsylvania State University Press, 2000).

フォックス（Fox）の全集（New Foundation Publications, 1990）は８巻本で出されています。フォックスの『日記（*Journal*）』は、John Nickalls によって編集されたもの（Philadelphia Yearly Meeting, 1997）と Nigel Smith によって編集されたもの（Penguin, 1998）が手に入ります。ウィリアム・ペン（William Penn）の *No Cross, No Crown* は、ヨークの集会から再版されており、バークレー（Barclay）の初版本の『弁明（*Apology*）』は、２００２年に Quaker Heritage Press から再版されています。Quaker Heritage Press は他にも、オンライン上で多くの初期クエーカーの著作を紹介しています。同様に、アーラム大学もオンラインで Digital Quaker Collection を公開しています。
１９１１年に7巻本で出版された、ブレスウェイト（William C. Braithwaite）とジョーンズ（Rufus M. Jones）の手によるRowntree Quaker History Seriesはすばらしい歴史書ですが、現在は廃版となっています。ブレスウェイトの*The Beginning of Quakerism*と*The Second Period of Quakerism*は、初期クエーカーの歴史に関する最も包括的な全体像を提示してくれます。１９８０年の長老会から出版されたファクシミリ版は現在でもクエーカー系の書店から手に入れることができます。

現在でも入手可能なその他の歴史書としては、以下のものがあります。

Thomas Hamm, *The Transformation of American Quakerism: Orthodox Friends 1800-1907* (Indiana University Press, 1988).

Thomas Kennedy, *British Quakerism 1860-1920: The Transformation of a Religious Community* (Oxford University Press, 2001).

クエーカー神学の歴史に関する概説書には、以下のものがあります。

Pink Dandelion, *The Liturgies of Quakerism* (Ashgate, 2005).

Carole Spencer, *Holiness: The Soul of Quakerism* (Paternoster, 2007).

クエーカー指導者の伝記には、以下のものがあります。

Margaret Hope Bacon, *Valiant Friend: The Life of Lucretia Mott* (Friends General

Conference, 1999).

Leo Damrosch, *The Sorrows of the Quaker Jesus: James Nayler and the Puritan Crackdown on the Free Spirit* (Harvard University Press, 1996).

Elsa Glines (ed.), *Undaunted Zeal: The Letters of Margaret Fell* (Friends United Press, 2003).

Mike Heller (ed.), *The Tendering Presence: Essays on John Woolman* (Pendle Hill, 2003).

H. Larry Ingle, *First Among Friends: George Fox and the Creation of Quakerism* (Oxford University Press, 1994).

Gil Skidmore, *Elizabeth Fry— A Quaker Life: Selected Writings and Letters* (Altamira, 2005).

年表

1534年　ヘンリー八世がローマ・カトリックから離れる。
1611年　ジェームズ一世によって認定された欽定訳聖書が頒布される。
1624年　ジョージ・フォックスの誕生。
1642年　ピューリタン革命の勃発。
1647年　ジョージ・フォックスが、「汝の状況に語りかける方がおられる。すなわち、キリスト・イエスである」という啓示を受ける。
1649年　チャールズ一世の処刑。オリバー・クロムウェルとピューリタンがイングランドを統治する。
1652年　ジョージ・フォックスがペンドルヒルで、「大勢の民が集められる」という幻を見る。
1654年　「勇敢な60人（Valiant Sixty）」による宣教活動。
1656年　ジェームズ・ネイラーのブリストル事件と議会による審問。
1656年　最初のクエーカーが北アメリカに到着。ほかにも、バチカンで教皇や、コンスタンティノープルでスルタンに謁見するために宣教に出発。

1658年　オリバー・クロムウェルの死去。
1659—61年　4人のクエーカーがボストンで絞首刑に処される。ヴァージニアで反クエーカー法が制定される。
1660年　ジェームズ・ネイラーの死去。王政復古によりチャールズ二世が王座に就く。
1661年　ロードアイランドのニューポートで最初の集会が開かれる。ニューイングランド年会（世界で一番古い年会）の始まり。イングランドで、『クエーカーと呼ばれる、悪意のない無垢なる神の民からの宣言（*A Declaration from the Harmless and Innocent People of God, called Quakers*）』という戦争に反対する最初の公的な宣誓文が出される。
1662年　「クエーカー法（Quaker Act）」が制定され、イングランドで集会を持つことが禁じられる。
1668年　イングランドでの最初の学校の設立。ロンドン年会の設立。
1676年　ロバート・バークレーによる『弁明』の出版。受難対策集会がロンドンで設置される。
1681年　ウィリアム・ペンがペンシルバニアの特許状を得る。フィラデルフィア年会の設立。
1683年　北アメリカで最初のクエーカーの学校が設立される。
1688年　ペンシルバニアのジャーマンタウンの集会が奴隷制に反対する。
1689年　寛容法がイングランドの議会を通過。ロバート・バークレーの死去。
1691年　ジョージ・フォックスの死去。
1694年　ジョージ・フォックスの『日記』の出版。

1702年　マーガレット・フェルの死去。
1722年　イギリスで、宣教者の登録制が始まる。
1737年　入植地のリストを用いて、公式の信徒のリストが作成される。
1756年　ペンシルバニアの議会の統制を手放す。
1758年　フィラデルフィア年会がクエーカーの奴隷所有者を非難する。
1783年　イギリスで最初の『抜粋の書（修養の書）』が出版される。
1796年　最初の近代的な精神病院であるヨーク療養所がイギリスのクエーカーによって設立される。
1808年　ジョン・ドルトン（John Dalton）が原子説を提唱する。
1813年　エリザベス・フライがイングランドのニューゲート監獄で監獄改善運動を始める。
1817年　合衆国で最初の近代的な精神病院、フレンズ病院がペンシルバニアのフランクフォードで設立される。
1825年　エドワード・ピーズ（Edward Pease）が、イギリスで最初の旅客鉄道であるストックトン・ダーリントン鉄道会社を始める。
1827―8年　北アメリカでヒックス派と正統派との大分裂が起こる。
1833年　ジョセフ・ピーズ（Joseph Pease）が英国議会に議員として選ばれる。ジョン・グリーンリーフ・ホイッティア（John Greenleaf Whittier）が詩集を出版する。
1837年　ジョセフ・ジョン・ガーニーがアメリカへ旅行する。

１８４３年　ジョン・ブライト（John Bright）が英国議会に議員として選ばれる。反奴隷制度を訴えるクエーカーからなるグループが、インディアナ年会から離脱して、新しい年会を創設する。
１８４５年　ニューイングランドでガーニー派とウィルバー派の分裂が生じる。
１８４６年　レヴィ・コフィン（Levi Coffin）がオハイオのシンシナティに定住し、「地下鉄道」の指導者として知られるようになる。
１８４６―７年　クエーカー飢餓救済運動がアイルランドで展開される。
１８４７年　成人学校が設立され、イギリスの国内伝道運動が展開される。
１８４８年　ルクリーシア・モットが、ニューヨークのセネカフォールズで女性の権利のための最初の大会を主導する。
１８５２年　フレンズ禁酒同盟がイギリスで創設される。
１８５４年　オハイオでガーニー派とウィルバー派の分裂が生じる。
１８５９年　イギリスで、フレンド派以外の人との結婚禁止のルールが廃止される。
１８６０年　クエーカーによる新しい形態の海外伝道活動について積極的に考慮するために、イングランドのアックワースで会議が開催される。
１８６２年　奴隷の身分から自由になった人々のために、アメリカのクエーカーによる救済活動と教育活動が展開される。
１８６６年　レイチェル・メトカーフ（Rachel Metcalf）がイギリスのクエーカーによって、宣教活動のためにインドに送られる。アメリカのクエーカーがネブラスカ、カンザス、インディアナにおいてインディアンとの交渉局を管轄する。シビル・ジョーンズ（Sybil Jones）とエリ・ジョーンズ（Eli Jones）がニューヨーク年会からパレスチナのラマッラーに宣教者として送られ、現地の少女のための学校設立に尽力する。

１８７５年頃　アメリカのクエーカーによって牧会システムが導入される。

１８８７年　『リッチモンド宣言』が北アメリカのガーニー派の年会で採択される。

１８９５年　イングランドでマンチェスター会議が開催される。それに伴い、続く数年間サマースクールが開催され、１９０３年にウッドブルック・クエーカー・スタディー・センターの設立につながる。

１９００年　Friends General Conference（ＦＧＣ）が設立される。

１９０２年　Five Yearly Meeting（ＦＹＭ）が設立される（１９６５年に、Friends United Meeting（ＦＵＭ）に改称）。

１９０３年　ウィリス・R・ホッチキス（Willis R. Hotchkiss）、アーサー・B・チルソン（Arthur B. Chilson）、エドガー・ホール（Edgar Hole）がＦＹＭから東アフリカに送られる。

１９０９年　初めて男性と女性のロンドン年会が合同開催される。

１９１４年　イギリスのクエーカーが戦争犠牲者救済委員会（War Victim's Relief Committee）を立ち上げる。第一次大戦で傷ついた兵士や民間人の治療を行うフレンズ救急隊が創設される。

１９１７年　アメリカ・フレンズ奉仕団が設立される。
１９１９—２４年　ドイツの子どもたちのために配給プログラムを提供する。このプログラムは、後にポーランド、ロシア、その他のヨーロッパ諸国にまで拡大される。
１９３７年　Friends World Committee for Consultation（FWCC）が設立される。
１９３７—９年　スペイン内戦で不偏不党の救済活動を行う。
１９３９—４６年　ヨーロッパとアジアで戦争救済活動を行う。
１９４０年　良心的兵役拒否者のための文民公共奉仕キャンプ（Civilian Public Service camp）がアメリカ政府によって設立され、アメリカ・フレンズ奉仕団が管轄する。
１９４５年　ニューイングランド年会が再統合される。
１９４６年　アフリカで初めての、東アフリカ年会が創設される。
１９４７年　キリスト友会を代表して、アメリカ・フレンズ奉仕団とイギリスのフレンズ協議会がノーベル平和賞を授与される。
１９５５年　１８２７年に大分裂した集会が再統合され、ニューヨーク、カナダ、フィラデルフィアで合同の年会が形成される。
１９６３—４年　Evangelical Friends Alliance（EFA）が設立される（１９９０年に、Evangelical Friends International（EFI）に名称変更する）。
１９６７年　中部大西洋沿岸諸州の年会が集まって、ボルティモア年会を形成する。

１９９９年　ＥＦＩのアフリカ地区がブルンジのブジュンブラにGreat Lakes School of Theologyを開設する。

用語解説

apostasy（背教）　信仰から堕落した状態のこと。初期クエーカーによって他の宗派のキリスト者を批判する際に特に用いられました。

Beaconites（ビーコン派）　１８３６年にアイザック・クリュードソン（Isaac Crewdson）につき従って、ロンドン年会から離脱した（特にマンチェスターやケンダルの）人々につけられた名称。クリュードソンは、１８３５年に出版された彼の著書 *A Beacon to the Society of Friends* のなかで「内なる光」の概念を幻想とみなし、それ以来、概してイギリスのクエーカーに対して超福音派的な（ultra-evangelical）立場から批判を行いました。

Book of Discipline（修養の書）　昔の会議録や著作物から役に立つ言葉を集めたもので、規律の点で個々の信徒や集会を導き、養うための書。それぞれの年会は独自の『修養の書』を作成しており、定期的に改訂されます。

Business Meeting（業務集会）　財政や財産といった集会の生活上の事柄について決定するために開かれる礼拝集会。投票は行われず、書記が集会の全会一致で至った「集いの感覚（the sense of the Meeting）」

を反映させた議事録を準備します。そこでは、一致が神の御心を正確に見分けたしるしだとみなされ、不一致は（おそらく後の機会に）さらになすべきことがあるのを示すしるしとみなされます。

centring down（センタリング・ダウン）　個々のクエーカーが礼拝での経験を深めていく過程のこと。

Clerks（書記）　クエーカーの業務集会の進行役となる人のこと。また、一般的には集会でのやりとりを取り仕切る役割も果たします。

concern（信念／関心）　行動へと促される神からの導きのこと。クエーカーは、「自身に課せられた関心事」というようにこの語を用います。

Conservative Quakers（保守派クエーカー）　昔ながらのクエーカーの信仰と実践を保持しようとする立場のクエーカー信仰。したがって、保守派のクエーカーは、プログラムなしのより伝統的な礼拝集会を守り、神学においてもキリスト中心を維持しています。

convincement（確信）　厳密には「罪の自覚（conviction）」を意味し、初期クエーカーによって経験された変容体験を構成する要素のうちのひとつですが、この語は広く変容体験そのものを指すものとして用いられます。今日では、「確信によって（by convincement）」のように、成長してからクエーカー教徒となった人々を漠然と指すときにも使われます。

deism（理神論）　神はこの世界を時計職人のように作り上げ、その後はそれが動くままに任せたという神学的な考え方。この立場は、責任は直接的に人間の手にゆだね、神学や信仰に対して合理主義的なアプローチを支持する傾向があります。

discernment（識別／判別）　本当に神からのものであるかについてクエーカーが判断する過程のこと。

disownment（破門）　クエーカーが公式の会員資格を失うこと。破門は集会が決定する事柄であり、不品行をしたり、クエーカー信仰を間違って解釈したときに下されます。破門は、特に派外の者と結婚したことを理由に、18世紀まで非常によく行われていましたが、今日ではまれです。

Elders（長老）　信徒の宣教を促し、礼拝集会がうまく運ぶために気を配るよう指名された人々のこと。長老職は、集会の秩序を守らせることに関連しており、クエーカーは、クエーカーの実践について思い出すよう促されたとき、「指導された（eldered）」と言います。

endogamy（派内結婚）　同じグループのなかの人々だけで結婚する習慣のこと。

endtime（終末）　ヨハネの黙示録で預言された世界の終わりと、選ばれた人々からなる天の国の実現を指すときに用いられる言葉。

eschatology（終末論）　終末に関する神学的考えを指すときに用いられる言葉。eschatologicalという語は、終末論的な神学に関係することを意味します。

Evangelical Friends（福音派クエーカー）　福音派は、「聖書の権威」、「宣教による御言の拡大」、キリストの十字架上の贖いの死によって可能となった「救済」という考えに基づくキリスト教。これらの考え方は、18世紀の終わりに生じ、現在世界のクエーカーの80パーセントを占める福音派クエーカーの特徴を示しています。

familied monasticism（家族内修道制）　外部のより広い世界の堕落や堕落した性質から自分たちを守

るように配慮された家庭生活に対する18世紀クエーカーの愛着を示すために用いられる用語。

General Meeting（総会） 月会と年会の間ほどの規模の地区の集会のこと。イギリスでは、「総会」は「四季会（Quarterly Meeting）」と呼ばれます。

Great Separation（大分裂） １８２７年に起きたヒックス派と正統派との間の分裂。この分裂は、まずフィラデルフィア年会から始まり、次々とアメリカの他の地区の年会に広まりました。争点の一部は、聖書の権威に対する内なる光の権威の問題でした。

Gurneyite（ガーニー派） ジョン・ウィルバーに従った人々に反対して、福音派クエーカーであるジョセフ・ジョン・ガーニーの教えに付き従った正統派のクエーカーにつけられた名称。ウィルバー派とガーニー派の対立によって、１８４０年代と５０年代に正統派クエーカー信仰のなかでさらなる分裂が進みました。

Hicksite（ヒックス派） １８２７年の大分裂の際に、正統派から分かれたエリアス・ヒックスに従った人々につけられた名称。彼らは、クエーカーの実践と内なる光の権威を強調する傾向を持っていました。

higher criticism（高等批評） 聖書がどのようにして集成されたか、また、誰によって書かれたかを分析・算定する学問。

holiness（高潔） 変容されたという感覚と神の目的のために選ばれたという感覚からなる神秘的な形態のキリスト教。１８６０年代からの超教派的なリバイバル運動によって影響されたクエーカーの間でかなり広まり、いくつかの福音派の集会では今でも影響力があります。

leading（導き）　神によって特定の方向に差し向けられているという感覚。「導かれた（having leadings）」というように用いられます。

Liberal Quakers（自由主義クエーカー）　合理的な形態のキリスト教に基づく、現在三つある伝統のうちのひとつ。19世紀の終わりに始まり、今日では、様々な信仰に対する寛容な態度、および明確な神学的立場を取ることに対する慎重さがその特徴となっています。

meantime（中間期）　人類が終末を待ち続ける間の時間を指す言葉。

Meeting for Sufferings（受難対策集会）　もともとは投獄されて苦しんでいるクエーカーの代わりに政府に嘆願するために設置された集会でしたが、年会の強力な権限を持つ暫定的な委員会になりました。イギリスでは、受難対策集会は主要な方針決定に関わっています。受難対策集会は、各月会からの代表者から構成されています。

Meeting for Worship（礼拝集会）　礼拝の「式」というよりも、クエーカーの礼拝自体を指す言葉。クエーカーは、「教会に行く」とは言わず、「集会に行く」と言います。

meeting house（集会所）　クエーカーの礼拝を行う場所として建てられた場所の名称。

minister（宣教者）　宣教の賜物を持つと信じられている人々のこと。いくつかの年会では、宣教の賜物を持つ者として月会によって登録されている人を特に指す言葉として用いられます。

ministry（宣教）　広い意味では、神によってすべての人に与えられた特別な召命を指す言葉。たとえば、誰それは「心の芯からの宣教」を行っているというように使われる。また、もっと一般的には、礼拝集会でなされる言葉による宣教（vocal ministry）について指す言葉として用いられます。

minutes（議事録）　クエーカーは、長い期間、勤勉に記録を保持することで知られてきました。記録の主なものは、すべての集会の議事録です。これらの議事録はすべて、月会レベルであろうと、年会レベルであろうと、集会内で集会の人々全体によって同意を得たものです。

modernist（近代主義者）　ロマン主義もしくは神学的な考えに対する反動から生じた合理的な思想に基づいた文化運動を指す社会学的用語。近代的で現代的なものに対する嗜好によって特徴づけられ、また一般的には科学と信仰のような範疇の区分の仕方によって特徴づけられます。

Monthly Meeting（月会）　会員資格と財産を管理しているクエーカーの組織。こうした事柄や他の問題について議論する毎月の業務集会を指すこともあります。月会は、多くの場合、年会の一部を構成しており、また、月会を構成する下部組織として準備集会があります。

Nominations Committee（指名委員会）　書記や長老といった特定の役職を指名するために業務集会に提案する人の名前を判別・判断する委員会。

non-realism（非実在論）　神学において、神は存在しないとする思想で、ゆえに、神学的主張は真実ではありえないという立場。

Orthodox（正統派）　１８２７年の大分裂において、ヒックス派と分かれた福音派のクエーカーにつけられた名称。彼らは、信仰と聖書の権威の強調の面からクエーカー信仰を規定する傾向があります。

Overseer（監督）　集会の牧会的必要に対応する役割の人につけられる名称。

peculiarities（特異性） 簡素な話し方や服装をしたり、月の名前の代わりに、月や日を数で示すように、伝統的にクエーカーが「この世（the world）」と自分たちを区別するための数々の方法に対してつけられた総称。

plain dress（簡素な服） 特有の服や簡素な服を着用することについて言及する際に用いられる用語。クエーカーは一般的な服とは異なる、グレイもしくは黒色で、飾りのない服を身につけます。この習慣は初期クエーカーの頃から始まり、20世紀まで続きました。かなり少数ですが、今でも簡素な服装をしているクエーカーも存在します。

plain speech（簡素な言葉遣い） 社会的に上の立場の人に敬称であるyouを用いるのではなく、すべての人に対して区別なくtheeやthouを用いること。また、この語は、会話から世間話のような余分なものをすべて取り除こうとするあり方についても用いられます。

Preparative Meeting（準備集会） 月会の一部を構成する集会で、通常、月会の準備のために月一で業務集会を開催します。イギリスでは、地区の集会が「準備集会」と呼ばれます。アメリカでは、地区の集会が「月会」と呼ばれ、「年会」と「地区の集会」の間にある組織は、「四季会」と「総会」だけです。

progressivism（進歩主義） 時間が経過するにつれて、人間が神の性質についてより多くのことを必ず知ることになると主張する教え。未来の世代は、現在の世代よりもさらに多くのことを知るようになるということです。

Quarterly Meeting（四季会／季会） いくつかの月会からなり、業務のために年に4回集まる地区の集会のこと。

Quietist Quakers（静寂主義クエーカー）　ギュイヨン夫人、フェヌロン、モリノスといった大陸の静寂主義者の自己否定的な神秘主義から影響を受けた18世紀クエーカーに対してつけられた名称。彼らは、真の霊性の内的性質を強調し、謙遜と服従への願いを強く主張しました。

realism（実在論）　神学において、神は存在し、神学的主張は真実であり、正確であるとする思想。

Renewal（リニューアル）　１８７０年代のガーニー派のクエーカー信仰のなかでせめぎ合っていたグループのひとつ（もうひとつのグループは、リバイバル・フレンズ）。リニューアル・フレンズは、クエーカー特有の実践は維持しつつ、クエーカー信仰を近代化し、社会的正義の実現のために他の宗派の人々とともに働くことを求めました。

Revival（リバイバル）　１８７０年代のガーニー派のクエーカー信仰のなかでせめぎ合っていたグループのひとつ（もうひとつはリニューアル・フレンズ）。リバイバル・フレンズは、信仰の中心に高潔（holiness）を据え、他の宗派のホーリネス系クリスチャンに対しては寛大でしたが、この世に対しては慎重な態度を取っていました。

semi-realism（半実在論）　神学において、神は存在するが、神に関する主張は経験に適合する言葉を選定する試みにおいて必然的に不十分となり、客観的に正確とは考えられないとする思想的立場。

travelling in the ministry（宣教旅行）　強い信念のもとに、他の地域のクエーカーのところやより広い世界へと自分たちの宣教を共有するために旅すること。宣教旅行は、通常、所属集会の支持のもとに行われます。

Wilburite（ウィルバー派） 特に啓示の権威よりも聖書の権威の方を重んじることをめぐって、1840年代から50年代にガーニー派から離れたジョン・ウィルバーにつき従った人々につけられた名称。ウィルバー派は、双方の権威のバランスを取ることが大切と考えました。

world（この世） クエーカー的でないものすべてについて、初期クエーカーによって用いられた蔑称。時間が経つにつれて、「この世」を構成するものは少なくなっていきました。何を「あまりにこの世的（too worldly）」と考えるかは、伝統によって違います。

Yearly Meeting（年会） 様々な月会からなる独立したクエーカーの組織のことや、クエーカーの年1回の集まりのことを指す言葉。年会に属しながら、年に1回集まる会議に出席することもできます。年会の大きさは様々で、たとえば、デンマーク年会は約30人ほどですが、ボリビア年会のひとつには2万2000人が属しています。年会のなかには、半年に1回開く半期会（half-year's meeting）を持つものもあります。

訳者解説

本書は、オックスフォード大学出版局から出されているA Very Short Introductionシリーズの一冊です。入門書らしく、「クエーカー（フレンド派 The Religious Society of Friends）」について非常にコンパクトにまとめられており、学術的にも信頼の置ける内容となっています。本書の著者、ベン・ピンク・ダンデライオン教授（Pink Dandelionはペンネーム）は、イギリス・バーミンガムにあるクエーカーの教育・研究施設であるウッドブルック・クエーカー・スタディー・センター（ウッドブルック・カレッジとも呼ばれます）のプログラム・リーダーであり、また、バーミンガム大学の名誉教授、ランカスター大学の名誉研究員も務めているクエーカー研究（Quaker Studies）の第一人者です。ダンデライオン教授は、クエーカー信仰について社会学的視点から研究しており、神学や歴史に関する知識も豊富で、クエーカーに関する数多くの著作・論文を記しています。ダンデライオン教授のクエーカー研究の一番の特徴は、終末理解・終末待望という分析軸からクエーカー信仰を捉え、その歴史と各伝統の信仰を説明する点にあり、本書の最後にもあるように、彼の見解は、クエーカーとは「神の国のために現在も働く特異なグループ」であるという言葉に集約されます。

２００７年に出版された *An Introduction to Quakerism* (Cambridge: Cambridge University Press) に続く、一般読者向けに書かれた入門書が本書です（より専門的に、もしくはより詳しくクエーカーについてお知りになりたい方には、このCambridge版の入門書もおすすめします）。３５０年以上にわたるクエーカーの歴史的流れとその信仰や活動という大きなテーマを小さくまとめているため、駆け足な記述になっているところも多少見られますが、本書の後半部で、自らも自由主義クエーカーでありながら、自由主義クエーカーのあり方に鋭いメスを入れるところなどは、社会学者ダンデライオン教授の真骨頂とも言えるでしょう。クエーカーに興味のある方だけではなく、クエーカー教徒（友会徒）の方にも是非読んでいただきたい内容だと思います。

一般読者向けといっても、クエーカーについてまったく初めて知る人には、難しいところもあるかと思いますので、本書の理解の助けとなるように、クエーカーについて少し補足説明をして、日本とのつながりについても紹介したいと思います。

クエーカー（日本での名称は「日本基督友会」）は、現在世界でたった40万人ほどの非常にマイナーなプロテスタントの一派です。歴史的には、共和制期イングランドで生まれたピューリタン急進派の一派であり、キリストの死を通して神によってすべての人に与えられた「内なる光（Inward light/Light within/God's light など）」を中心教義とし、霊的平等、社会的公正、良心の自由などの立場を長らく主張し、そうしたことに関わる運動、たとえば、奴隷解放運動、監獄改善運動、精神病院改善運動などにおいて先進的・積極的な働きをなしてきた教派です。また、創設以来、徹底した平和主義を守り続けていることから、メノナイトやブレザレンとともに「歴史的平和教会（Historic Peace Churches）」のひとつにも数えられています。

日本には、1885年（明治18年）にアメリカの宣教師ジョセフ・コサンド（Joseph Cosand, 1851-1932）によって伝えられました。現在のところ、東京・茨城・大阪にいくつかの集会所がありますが（クエーカー系の学校として東京の三田に普連土学園もあります）、総会員数は110名ほどで、クリスチャンでもその存在を知らない人がいるほどです。ときには、初期の急進派のイメージのまま、つまり、17世紀半ばの正統派から見たイメージのまま、簡単に「異端」としてかたづけられてしまうこともあります（現在の自由主義のクエーカーは、キリスト教の枠組みを超えてしまっているので、ある意味ではそう見られても仕方がないのも確かです）。クエーカーは、福音派は除いて、伝統的に教義を定めることを嫌ってきましたので、本書にも書いてある通り、何を信じているのか分からないことから余計そうしたイメージが強まるのかもしれません。

とはいえ、クエーカーは、たくさんのトラクト（小冊子）や日記（17世紀後半からのプロテスタント信仰における日記文学の意義については、John Coffey ed., *Heart Religion* (Oxford: Oxford University Press, 2016) をご参照ください）を書き、積極的に宣教活動をしてきたのも確かです。ダンデライオン教授とは別の仕方での説明になりますが、そうしたトラクトや日記、神学書から読み取ったものを分かりやすくまとめると、17世紀半ばから19世紀までのクエーカー信仰に共通する三つの枠組みが存在すると言えます。(1)人間の全的堕落、(2)救いのためにすべての人に与えられた「内なる光」(自然の光ではありません。神の光です)、(3)救いの道としての「内なる光」への服従(ただし、それは徹底的な自己否定を通して神からの恵みとしての働きかけに与ることであって、自己意志の力による服従ではありません)の三つです。また本文で、創始者のフォックスが啓示体験を第一とし、聖書を神の言葉の証言にすぎないとして二義的に捉えたと書かれていますが、実際のところクエーカーは(特に穏健化した王政復古期以降)、聖書の言葉に一致しないことは信仰的に正しいことではないと主張してきたことや、トラクトや日記、神学書が聖書の言葉を多用し、聖書の枠組みのなかで書かれていることから、聖書を軽んじているといった批判は大きな誤解で、むしろ彼ら、つまり20世紀以来の自由主義を除くクエーカーは、同時代の他の教会と同様に聖書主義的とすら言えます。それゆえ、(自由主義を除く)クエーカーは、本書で見るような様々な問題を抱えながらも、宗教改革の三大原理である「聖書のみ」、「信仰義認」、「万人祭司」をまさしく地で行く教派と見ることもできます。

神学史・思想史的な流れで見れば、クエーカー運動は、17世紀初頭のドルトレヒト会議でのカルヴァン主義とアルミニウス主義の神学的対立という文脈のなかで、自覚的にせよ、無自覚的にせよ、それらとは異なる「中庸の道(第三の道)」を模索してきた運動だと言えるでしょう。つまり、「人間の全的堕落」という点ではカルヴァン主義(ピューリタニズム)の立場を取りながらも、

「無条件の選び」や「限定的贖罪」を主張するカルヴァン主義に対抗する形で登場してきたアルミニウス主義の「条件的選び」や「普遍的贖罪」の教えに近いように見える立場も取っています。しかしながら、クエーカー信仰は、救済における自己意志の意義をめぐる点でアルミニウス主義とは異なる道を提示してきました。すなわち、アルミニウス主義では、先行的恩寵としての理性や自己意志をもって神に応答することによって救いに与ることができると説かれますが（条件的選びの教理）、クエーカー信仰では、「沈黙」、つまり、己の理性や意志を徹底的に空しくする「自己否定（self-denial）」（この自己否定において、キリストとともに十字架にかけられ、キリストとともに死に、キリストとともに新しい生へと再生するとされます）においてこそ、心の内に顕在する神との出会いがあるとされています。そこには、自己意志の働く余地はなく、あるのは恵みとしての信仰のみです。この信仰は、誰にでも可能性のあるものとされています。そして、信仰義認といわばセットのような形で説き勧められるのが、キリスト者の証しとして正しい者となるようにとの「聖化」です（本文にあるように、最初期クエーカーは、当時の時代思想であった前千年王国説の影響下、時代が完成へと至る今この瞬間における人間の完成（完全）を熱心に説きましたが、そうした思想が退行した王政復古後は、漸進的な聖化を説くようになりました）。キリストに倣い、正しくあろうとするこの「聖化」概念こそが、社会におけるクエーカーの様々な先進的で積極的な行動力の源泉であり、聖徒の交わりとしての教会概念の基盤でもあることから、クエーカー信仰の第二の核とも言えるものです（第一の核は、内なる光）。

当然のことですが、内なる光の体験といった内的な感覚を中心に据える信仰のあり方は、危険をはらむものです。体験を基盤とする信仰は主観的なものとなりがちで、本文でも言及されていますが、ジェームズ・ネイラーのブリストル事件などの例に見られるように、急進的な行動を引き起こすことがあります。そこで、急進派の存在や外部からの攻撃からクエーカー運動を守るため、穏健派の指導者ジョージ・フォックスを中心にして、特に王政復古以降、教会組織が整備され、個々人の信仰は、聖書や他の人々の言葉といった複数の証しのうちに検証されるシステムが導入されました。このシステムは、神は信仰共同体全体に現れたまうという彼らの信念の表れでもあります。教会制度の整備の結果、クエーカー運動は厳しい迫害のなかでも生き残ることができましたが、教会の権威の増大と規範化が進むことで、かつ時代意識であった前千年王国説の退行とも相まって、最初期のような宣教上の活発さを失うことにつながったのも事実です。なお、この教会の権威（聖書の権威を含む）と内なる光の権威のバランスをどのように取るのかが、その後の歴史で生じる分裂の際の議論の焦点になったのです。

キリスト教の枠組みから飛び出し、信仰の内容よりも、その形式（behavioral creed）によって規定される20世紀以来の自由主義クエーカーの特徴については、本書の第4章、第5章で十分に説明されていると思いますので、ここでは割愛させていただきます。どうしても信仰の内容について知りたいという方は、拙稿になりますが、オンライン上にも公開されていますので、「クエーカー研究における新ヘーゲル主義的前提について――self 概念を巡る Barclay 神学の評価」

(『ピューリタニズム研究』第6号、2012年)、もしくは「ルーファス・M・ジョーンズの宗教思想——自己意識と意識する神」(『基督教研究』、第76—1号、2014年)をご参照ください。

では、日本で110名ほどの会員数しかいない、こうした非常にマイナーな教派が読者の皆さんと何の関係があるのかと疑問に思う方もいらっしゃるかもしれません。しかし、クエーカーは、意外と深く戦後日本の形成・発展に関わってきた事実があります。

日本人の有名なクエーカーとして、新渡戸稲造(1862—1933年)がいることをご存じの方も多いと思います。新渡戸は、日本のプロテスタントの三大源流のひとつである札幌バンド(他の二つは、横浜バンドと熊本バンド)のひとりで、アメリカのジョンズ・ホプキンス大学に留学した際、クエーカー信仰に魅了され、クエーカー教徒となり、後にフィラデルフィアのクエーカーであるメアリー・エルキントン(Mary Elkinton, 1857-1938)と結婚しました。新渡戸は、ドイツ留学を経て日本に帰国後、札幌農学校教授、台湾総督府の技師、東京帝国大学法科大学教授と数々の役職を歴任し、1906年(明治39年)に第一高等学校校長になりました。それまでの第一高等学校は、国家主義的かつ質実剛健、いわゆる蛮《ばん》カラで悪名高かったのですが、新渡戸が校長の座に就いてからは、その校風は教養主義的でリベラルなものへ一変したそうです。それは、新渡戸が一高の学生たちから学識的にも人格的にも尊敬されており、それらの点で学生たちに大きな影響を与えたからです。また、彼の人格的影響を受けて、一高の学生はたびたび新渡戸にキリスト教や彼の信仰に関する質問をしましたが、新渡戸はそうした質問には直接答えず、代わりに親友である内村鑑三（１８６１―１９３０年）のもとへそうしたキリスト教に興味を持つ学生を送り出しました。

新渡戸と内村のもとに集まった一高生（および帝大生）としては、何人か例を挙げれば、安倍能《よし》成《しげ》（１８８３―１９６６年）、前田多門（１８８４―１９６２年）、南原繁（１８８９―１９７４年）、高木八《や》尺《さか》（１８８９―１９８４年）、森戸辰男（１８８８―１９８４年）、河合栄治郎（１８９１―１９４４年）、田中耕太郎（１８９０―１９６１年）、矢内原忠雄（１８９３―１９６１年）などがいました。彼らは、「柏会」や「白雨会」などの勉強会を作って、内村のもとで聖書を学んだ人たちです。こうした新渡戸・内村の門下生たちの多くが、東京帝大卒業後、当時の中央省庁である内務省に入り、社会改革に取り組む社会派官僚となり、そして、後に帝大へ戻って、影響力のある学者・知識人となる人々でした。たとえば、前田多門（クエーカー）は戦後初の文部大臣となり、戦後民主主義教育の路線を規定した人物です。南原繁（無教会）は、戦後の東京帝国大学（東京大学への改称は１９４７年）の初代総長となり、また、教育刷新委員会の委員長（最初は副委員長。初代委員長は安倍能成）として戦後教育の改革に力を入れ、現在の６―３―３制度などを作りました。田中耕太郎（無教会↓カトリック）は、１９５０年代に最高裁判所長官を務め司法改革を行ったことで有名ですが、文部大臣時代、教育基本法の制定において大きく貢献しました。もちろん彼らだけではないですが、これら新渡戸・内村の門下生たちこそが、ＧＨＱおよびその下部組織であるＣＩＥ（民間情報教育局）と協力して、教育を通した「人格（personality）」、もしくは「個人（individuality）」の確立という点で、民主主義国家・新生日本の基盤を作り出そうとした人々だったのです（武田清子氏の言葉を借りれば、彼らの存在は、日本におけるデモクラシー導入の備えとなる「内発的な根」でした）。新渡戸・内村の門下生たちの考えによれば、日本の人々における個人意識・人格意識の欠如が大戦中の全体主義やファシズムにつながったということでした。それゆえ、彼らは、戦後の社会においては教育による個人・人格の確立が必要であると考え、人格教育、個人化教育の重要性を唱えました。

たとえば、（旧）教育基本法の前文には次のように書かれています。

前文

われらは、さきに、日本国憲法を確定し、民主的で文化的な国家を建設して、世界の平和と人類の福祉に貢献しようとする決意を示した。この理想の実現は、根本において教育の力にまつべきものである。

われらは、個人の尊厳を重んじ、真理と平和を希求する人間の育成を期するとともに、普遍的にしてしかも個性ゆたかな文化の創造をめざす教育を普及徹底しなければならない。

ここに、日本国憲法の精神に則り、教育の目的を明示して、新しい日本の教育の基本を確立するため、この法律を制定する。

人格の涵養、個人の確立というのは、新渡戸の抱いていた近代日本形成のためのビジョンでした。このように戦後日本の民主主義制度、また、その民主主義教育は、門下生たちの活躍を通して、クエーカーである新渡戸の信仰と思想によって大きく影響を受けたものとも言えるでしょう（戦後の人格教育、個人化教育についての価値判断は、読者の皆様にお任せします）。

また、意外と知られていない話ですが、戦後の皇室の存続を訴えたのも新渡戸の弟子である河井道《かわいみち》（1877─1953年　恵泉女学園の創設者。日本ＹＷＣＡ同盟総幹事や教育刷新委員会委員なども務めました）でした。彼女は、ＧＨＱの陸軍准将で、マッカーサーの軍事秘書として対日占領政策を担当していたクエーカーのボナー・フェラーズ（Bonner Fellers, 1896-1973）と渡辺ゆり（一色ゆり。河井道の教え子）を介して旧知の仲であり、彼に対して社会の安定のために国体の護持が必要との言葉を伝えました（日本人の心理に通暁《つうぎょう》していたフェラーズもともとよりそのつもりでした。なお、驚かれるかもしれませんが、当時の多くの政治家・知識人の基本的態度は国体の護持でした）。それを受けて、ＧＨＱ側も天皇の戦争責任を問わず、象徴天皇制（国民の象徴としての天皇というのも新渡戸のビジョンでした）として国体を維持することを決定し、かつそれを日本の戦後統治に利用していったという経緯があります。また、こちらもフェラーズの提案によるものですが、今上天皇（明仁《あきひと》親王）が皇太子のときの英語の家庭教師として指名されたのが、アメリカ人のクエーカーである、エリザベス・グレイ・ヴァイニング夫人（Elizabeth Gray Vining, 1902-99）でした。皇太子は、ヴァイニング夫人から英語とともに、民主主義の精神を学びました。１９５０年にヴァイニング夫人が帰国した後は、同じくクエーカーである普連土学園の学園長エスター・Ｂ・ローズ（Esther B. Rhoads,

1896-1979）が家庭教師の後を継ぎました。

その他、日本へのクエーカーの関わりとしては、濃尾《のうび》地震（１８９１年）や関東大震災（１９２３年）での救援活動が挙げられます。また、第二次世界大戦中、アメリカとカナダの強制収容所に送り込まれ、差別的に扱われていた日系人たちを様々な形で援助したのはクエーカーですし、戦後、原爆の被災者救援を行ったのもクエーカーでした（これらの活動にご興味のある方は、Tsukasa Sugimura, *Quiet Heroes: A Century of Love and Help from the American Quakers for the Japanese Americans* (Altadena, CA: International Productions, 2014) をご覧ください）。さらに終戦直後の日本は、未曾有の食糧危機・生活難の状態にありました。アメリカ国内の世論は、旧敵国に援助することなどもってのほかという状況でしたが、アメリカのクエーカーや日系人の働きかけによって、Licensed Agencies for Relief in Asia（アジア救援公認団体）からの救援物資、通称、Ｌａｒａ物資が日本に送られ、１４００万人の人々（日本人の６人にひとりの割合）がその支援によって助けられました。なお、物資の25パーセント以上がクエーカーからの支援によるもの、20パーセントが日系人からの支援によるものでした。こうした強制収容所での支援活動やＬａｒａ物資の配給などの仕事に積極的に関わったのが、上述のエスター・Ｂ・ローズといった多くのクエーカーでした。

クエーカーは自分たちの活動について誇ることはありませんので、対外的に自らの活動を積極的に喧伝することはほとんどありません。ですので、知られていないことが多いのですが、このようにクエーカーが特に戦後の日本の復興と発展に、皆さんが思われる以上に大きく関わってきたのは確かです。日本のクエーカーの活動についても知られていないことはたくさんありますので、お知りになりたい方は、以下の文献をご参照ください。

- ・平川正壽編『基督友會五十年史』、基督友會日本年會、１９３７年

- ・小泉一郎、宇梶洋司編『基督友会七十年史』、基督友会日本年会、１９５７年

- ・キリスト友会日本年会編集委員会編『日本友会の歴史――宣教七十年後から』、キリスト友会日本年会、１９９７年

最後に、本書の邦語訳を出版したいとの希望をお伝えしたときに快く引き受けてくださった新教出版社の小林望氏に感謝申し上げたいと思います。訳出の作業のなかで、様々な方に細かな点について相談させていただきました。紙面上ですが、それらの方々に厚くお礼申し上げます。訳文が自然な日本語になるようにチェックをしてくれたわが妻と同志社大学神学部の井上真歩さんにもお礼したいと思います。さらに、新教出版社の堀真悟氏のご尽力のおかげで、『クエーカー入門』が世に出せたようなものです。深く感謝いたします。ダンデライオン教授と何度か電子メールで相談しながら、訳文を作成しましたが、文意に不明瞭な点があれば、その最終責任は中野にあります。

中野泰治

著者　ピンク・ダンデライオン（Pink Dandelion）

ブライトン大学にてイギリスのクエーカーの社会学的研究により博士号取得。クエーカー研究の第一人者として、ウッドブルック・クエーカー・スタディー・センターのプログラム・リーダーを務める。バーミンガム大学名誉教授。ランカスター大学名誉研究員。主著に *The Liturgies of Quakerism* (Ashgate, 2005) や *Introduction to Quakerism*(CUP, 2007）など。学術誌 *Quaker Studies* の編集もおこなう。

訳者　中野泰治（なかの・やすはる）

1973 年生まれ。同志社大学大学院神学研究科にて修士号、バーミンガム大学にて博士号取得。同志社大学神学部准教授。専門は近現代の英米のキリスト教史、クエーカーの歴史・思想研究。

クエーカー入門

2018 年 6 月 30 日　第 1 版第 1 刷発行

著者……ピンク・ダンデライオン
訳者……中野泰治

装丁……宗利淳一

発行者……小林　望
発行所……株式会社新教出版社
〒 162-0814 東京都新宿区新小川町 9-1
電話（代表）03 (3260) 6148
振替 00180-1-9991
印刷・製本……モリモト印刷株式会社

ISBN 978-4-400-31084-6 C1016